PUPPEN

Das neue kompakte Bestimmungsbuch

PUPPEN

Das neue kompakte Bestimmungsbuch

Valerie Jackson-Douet und Brenda Gerwat-Clark

KÖNEMANN

This book was designed and produced by
Quintet Publishing Limited
6 Blundell Street
London N7 9BH

Original title: Identifying Dolls

Könemann Verlagsgesellschaft mbH
Bonner Straße 126, D-50968 Köln
Übersetzung aus dem Englischen:
C. S. Keutmann-Wohlthat
Produktion und Satz:
VerlagsService Dr. Helmut Neuberger
& Karl Schaumann GmbH, Heimstetten
Druck und Bindung: Sing Cheong Printing Co., Ltd.
Printed in Hong Kong, China

ISBN 3-8290-1301-9

10 9 8 7 6 5 4 3 2 1

Inhalt

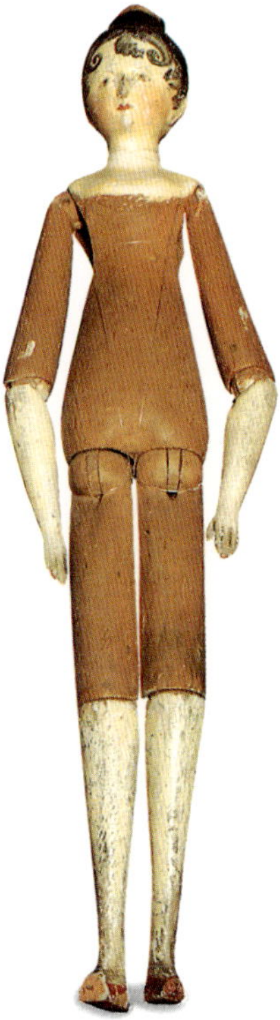

Einführung

Puppen werden heute nahezu auf der ganzen Welt als Kinderspielzeug angesehen; das war jedoch nicht immer so. Der Mensch hat immer schon Figuren nach seinem Ebenbild geschaffen; er tat dies jedoch zu kultischen oder symbolischen Zwecken. Sie dienten als Votivgaben oder als Talisman. Puppenähnliche Objekte wurden zum Beispiel in alter Zeit oft Gräbern beigegeben; sie symbolisierten die Ehepartner und Diener der Verstorbenen. Niemand kann genau sagen, wann Puppen schließlich zum Spielzeug wurden. Man weiß jedoch, daß Spielzeugfigürchen aus Ton, Metall, Elfenbein oder Knochen im Griechenland und Rom der Antike alltäglich waren. Die Geschichte des Spielzeugs im Mittelalter bleibt weitgehend im dunkeln; sicher ist jedoch, daß zu dieser Zeit Spielzeug in Europa gefertigt wurde und daß solches Spielzeug dann im 16. Jahrhundert nach Nordamerika mitgenommen wurde.

Eines der ersten Materialien, aus denen Puppen gemacht wurden, war Holz, und viele Holzpuppen stammten aus den dichtbewaldeten Gebieten um Nürnberg. Auch Lumpen- und Stoffpuppen wurden wahrscheinlich schon in ältester Zeit gefertigt. Aber auch Tonpuppen waren schon im Mittelalter bekannt, und aus der Fertigung kleiner Krippenfiguren und Votivpüppchen zu den Namenstagen der Heiligen wuchs die Tradition, Wachspuppen auch für den weltlichen Gebrauch herzustellen. Bis zum 18. Jahrhundert waren Papiermaché, Mischmassen (als »Komposition« bekannt) und verschiedenes Porzellanmaterial mit unterschiedlichen Glasuren zu Stoff, Holz und Wachs hinzugekommen. Mit der Entwicklung neuer Materialien wie Gummi, Celluloid, Vinyl usw. kamen auch auf die Puppenhersteller neue Herausforderungen zu. Der technische Fortschritt und die Massenproduktion, die er ermöglichte, bedingten einen sozialen Wandel, der eine wachsende Mittelschicht mit sich brachte. So liefen zwei Entwicklungen zusammen, die einerseits einen Markt für Spielzeug schufen und andererseits die Voraussetzungen lieferten, diesen neu entstehenden Bedarf zu decken.

Eine große und sehr schöne Filzpuppe der englischen Puppenmacherin Norah Wellings aus den dreißiger Jahren.

Der heutige Sammler sieht sich einer verwirrenden Vielfalt von Puppen aller Stilrichtungen und aus jedem nur denkbaren Material gegenüber. Wie für jedes andere Sammelgebiet, so gilt auch hier als oberste Regel: Sammeln Sie nur Puppen, die Ihnen auch gefallen. Wie viele andere

Glasierte Porzellanköpfe aus dem späten 19. Jahrhundert.

Antiquitäten und Sammelobjekte steigen zwar auch Puppen im Wert; es ist aber zumindest riskant, sie in der Hoffnung auf zukünftigen Wertzuwachs zu erwerben. Lassen Sie sich beim Aufbau Ihrer Sammlung von Ihren persönlichen Vorlieben und Ihrem Budget leiten. Überlegen Sie, ob Sie sich auf eine bestimmte Epoche, ein bestimmtes Material oder vielleicht lieber auf die Puppen eines bestimmten Landes konzentrieren möchten.

Die Einteilung von Puppen richtet sich im allgemeinen nach dem Material, das für ihren Kopf verwendet wurde. So hat z. B. eine Komposition-Puppe einen Kopf aus Kompositionsmasse, die Glieder oder der Rumpf müssen aber nicht aus dem gleichen Material sein. Eine Biskuitkopfpuppe hat einen Kopf aus Biskuitporzellan, ihr Körper kann jedoch aus Leder oder Stoff und die Glieder aus einem weiteren Material bestehen.

Zu den schönsten Puppen, die je geschaffen wurden, gehören die Biskuitkopf-Modepuppen, auch »Parisiennes« oder »Pandoren« genannt, die in Frankreich in der zweiten Hälfte des 19. Jahrhunderts hergestellt wurden. Diese Mannequin-Puppen wurden nicht nur exquisit modelliert und bemalt, viele trugen auch luxuriöse Kleider, ja manche waren sogar mit mehreren kompletten »Garderoben« inklusive zarter Dessous ausgestattet. Auch wenn die Puppen der berühmten Manufakturen – Bru, Jumeau, Huret usw. – selten und teuer sind, so gab es zur selben Zeit doch eine Reihe weiterer hervorragender Puppenmacher, und es lohnt sich, nach Puppen weniger bekannter Hersteller Ausschau zu halten.

Eine beliebte Sammelgruppe sind auch die sogenannten Charakterpuppen, von denen viele aus Deutschland kommen. Zu den berühmtesten Herstellern gehören hier J. D. Kestner, Kämmer & Reinhardt, Armand Marseille und Simon & Halbig. Sie stellten so große Stückzahlen her, daß es immer noch gelingt, signierte Exemplare dieser großen Puppenmacher aufzustöbern. Wie in Frankreich gab es jedoch viele kleinere Firmen, die interessante und attraktive Puppen herstellten, für die nicht notwendigerweise noch ein Berühmtheitsaufschlag erhoben wird.

Wenn Sie sich entschieden haben, welche Puppen Sie sammeln wollen, sollten Sie sich über Ihr Sammelgebiet sachkundig machen. Zu Puppen im allgemeinen und zu den einzelnen Epochen und Herstellern gibt es inzwischen ausreichend Literatur, in der Sie meist wiederum weitere Leseempfehlungen finden. Nehmen Sie jede Gelegenheit wahr, Abbildungen von Puppen berühmter Marken zu studieren. Vergleichen Sie die Form der Puppengesichter und -köpfe; betrachten Sie, wie sie modelliert und bemalt sind, wie verschieden die Hände geformt und die Gelenke gebaut sind, wie die Ohren und der Mund herausgearbeitet und die Haare eingesetzt wurden.

Als nächstes besuchen Sie so viele Museen und Ausstellungen wie möglich. Gehen Sie zu Puppenmessen und Fachvorträgen. Treten Sie einem Puppensammler-Club bei, damit Sie mit Gleichgesinnten sprechen und Informationen austauschen können. Als nächstes sollten Sie gute Beziehungen zu einigen Händlern aufbauen. Dadurch werden Sie zu einem geschätzten Kunden. Kunden kaufen – und deshalb sollten Sie den Gegenstand Ihrer Begierde sorgfältig prüfen, bevor Sie sich von Ihrem Geld trennen. Wenn Sie Glück haben, erlaubt Ihnen ein Händler, seine Puppen anzufassen. Lernen Sie, wo Sie nach Markierungen und Signaturen suchen müssen. Diese können geritzt, gestempelt oder geprägt sein. Wenn sie sich am Hinterkopf befinden (oft unter der Perücke), sind sie ein recht verläßlicher Hinweis auf den Ursprung der Puppe. Auf Markierungen am Körper kann man sich hingegen nicht immer verlassen, denn ein alter Puppenbalg kann leicht an einem Kopf befestigt worden sein, der lediglich die Reproduktion eines alten Kopfes ist. Ebensowenig sind Markierungen an Kleidern ein Authentizitätsbeweis – nichts ist leichter, als einer neuen Puppe alte Kleider anzuziehen. Vergessen Sie jedoch nicht, daß viele hervorragende Puppen überhaupt keine Kennzeichnung tragen. Frühe Exemplare der Alexander Doll Co. wurden zum Beispiel lediglich durch ein Papierschildchen am Handgelenk oder durch ein Etikett, das in die Kleider genäht wurde, ausgewiesen.

Puppen können beschädigt sein oder so gut repariert, daß der Schaden kaum zu sehen ist. Darauf muß ein Sammler achten. Suchen Sie nach Sprüngen. Wenn möglich, ziehen Sie jede Puppe aus, die Sie kaufen möchten. Sind die Kleidungsstücke so angenäht, daß sie sich nicht ausziehen

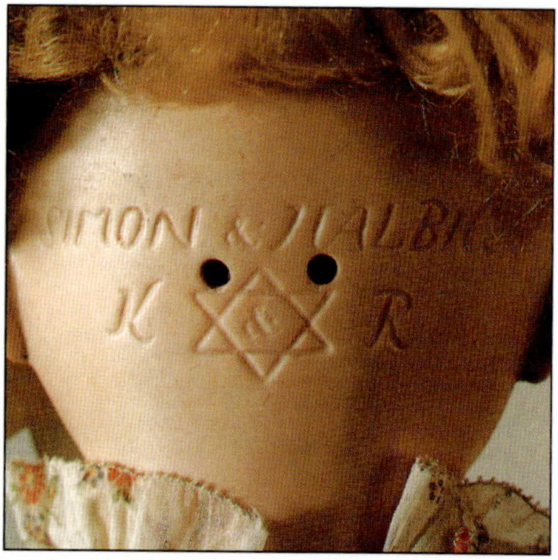

Das deutsche Unternehmen Simon & Halbig stellte Puppenköpfe für viele andere Puppenfabrikanten her, darunter auch Kämmer & Reinhardt.

lassen, soll dadurch möglicherweise ein arg beschädigter oder nicht dazugehörender Körper verdeckt werden. Prüfen Sie, ob alle Gliedmaßen zueinander passen und kein Glied ersetzt wurde. Untersuchen Sie die Puppe auf intakte Ohren und Vollständigkeit der Finger und Zehen.

Eine gute Fälschung ist schwer zu erkennen. Stoffpuppen werden genauso gut kopiert wie Biskuitkopf-, Porzellan-, Holz- oder Wachspuppen. Achten Sie auf Haare aus Nylon, Körper aus neuem weißem Ziegenleder, Kleider aus Kunstfaser und auf Maschinennähte. Die Nähmaschine wurde zwar schon 1829 erfunden, fand aber erst in der zweiten Hälfte des 19. Jahrhunderts größere Verbreitung, und auch zu dieser Zeit wurden Puppenkleider noch oft von Hand genäht. Dabei reicht die Stichgröße von winzigen, mit feiner Nadel zart gearbeiteten Nähten bis zu großen Heftstichen.

Achten Sie auf Altersspuren, auf Zeichen von

als auch an deren Kleidung. Papiermaché- und Komposition-Puppen verschleißen leicht an den Gelenken. Sehr weißer Gips in den Augenwinkeln einer Biskuitkopfpuppe kann darauf hindeuten, daß neue Augen eingesetzt wurden. Denken Sie auch daran, daß der Preis für eine beschädigte Puppe deren Unzulänglichkeiten möglicherweise Rechnung trägt. Wenn Ihnen also gefällt, was Sie sehen, kaufen Sie die Puppe – die Gelegenheit kommt vielleicht nie wieder.

Die besten Käufe macht man wohl bei Auktionen. Diese eignen sich jedoch eher für erfahrene Sammler. Gehen Sie zum Besichtigungstermin vor der Versteigerung und betrachten Sie jede Puppe, die Ihr Interesse weckt, so genau wie möglich. Wenn Sie mitsteigern wollen, legen Sie vorher Ihr eigenes Limit fest und überschreiten Sie es nicht; denken Sie daran, daß zum Auktionspreis noch die Kaufprämie und die Mehrwertsteuer hinzukommen. Verlieren Sie im Eifer des Bietens nicht die Kontrolle.

Gute Kaufgelegenheiten bieten überdies Puppenbörsen, und auch auf allgemeinen Antiquitätenmessen können Sie manchmal Puppen finden. Wenn Sie moderne Puppen sammeln möchten, gibt es wahrscheinlich nichts Besseres als Wohltätigkeitsbasare und private Trödelverkäufe. Spielzeug und Puppen finden sich immer unter den ungeliebten Weihnachtsgeschenken und anderen Staubfängern.

Wenn Sie einmal mit dem Puppensammeln angefangen haben, müssen Sie sich natürlich auch überlegen, wie Sie Ihre Schätze aufbewahren und präsentieren wollen. Dies hängt auch vom Material ab. Generell sollte allerdings keine Puppe direkter Sonnenbestrahlung ausgesetzt werden.

Wenn Sie Holzpuppen als Spezialgebiet wählen, müssen Sie auf gleichmäßige Luftfeuchtigkeit achten; denn Holz »arbeitet«: Es dehnt sich aus, wenn es Feuchtigkeit aufnimmt, und zieht sich zusammen, wenn es trocken wird. Dadurch können Risse entstehen. Viele Holzpuppen sind zunächst mit Gipsgrund überzogen und dann bemalt und lackiert. Waschen Sie eine Holzpuppe nur im äußersten Notfall und dann auch nur, wenn Sie es zunächst mit neutraler Seife, die Sie auf einen sauberen, weichen Lappen geben, an einer unauffälligen Stelle ausprobiert haben. Sobald Sie erkennen, daß die Farbe oder der Lack sich lösen, hören Sie sofort auf. Tauchen Sie eine Holzpuppe nie in Wasser. Untersuchen Sie sie regelmäßig auf Holzwurmbefall, und wenden Sie sich nötigenfalls an einen Fachmann.

Wachs ist eine ausgezeichnete Modelliermasse und gibt dem Puppengesicht einen unnachahmlich sanften, durchsichtigen Schimmer. Aber es

Frühe Gliederpuppe aus dem Südtiroler Grödnertal, die um 1813 entstand. Dort werden noch heute hervorragende Schnitzereien hergestellt.

ist sehr empfindlich. Bei Zimmerwärme besteht für Wachspuppen normalerweise keine Gefahr. Starke Sonneneinstrahlung oder andere direkte Hitzequellen können jedoch unermeßlichen Schaden anrichten. Durch grelles Licht können die zarten Farben ausbleichen. Um oberflächlichen Schmutz zu entfernen, empfehlen manche Sammler, Hautcreme auf einen weichen, sauberen Lappen zu geben und das Puppengesicht damit vorsichtig abzuwischen. Probieren Sie das zuerst an einer Stelle aus, die nicht sichtbar ist, z. B. unter dem Haar, bevor Sie sich an das Gesicht wagen, und sparen Sie die bemalten Partien aus. Verwenden Sie niemals Wasser und verpacken Sie Wachspuppen nie in Plastiktüten, da die entstehende Kondensationsfeuchtigkeit das Wachs angreift. Die sichersten Materialien sind säurefreies Seidenpapier oder dünner Stoff aus reiner Baumwolle.

Bei Papiermaché- oder Komposition-Puppen sind die Probleme wieder anders geartet. Die meisten haben einen Lacküberzug, der nicht mit Wasser gereinigt werden kann. Caroline Goodfellow empfiehlt, die Oberfläche mit weichem Weißbrot abzureiben, um den äußeren Schmutz zu entfernen. Man kann auch ein Flüssigreinigungsmittel verwenden, das man zu Schaum aufgeschlagen hat. Nehmen Sie nur den Schaum und probieren Sie ihn zuerst an einer unauffälligen Stelle aus. Tragen Sie ihn mit einem sauberen, weichen Tuch auf. Vergewissern Sie sich, daß die Farbe nicht abgeht, und nehmen Sie jedesmal, wenn Sie wieder Schaum auftragen, einen frischen Abschnitt des Tuchs. Bei Puppen aus diesem Material kann Ungeziefer zum Problem werden. Die Stücke müssen also regelmäßig kontrolliert und zusammen mit einem Insektizid aufbewahrt werden. Oft sind die Gesichter solcher Puppen beschädigt – häufig fehlt ein Stück der Nase, und kleine Stellen sind abgescheuert. Eine Reparatur, die der Originaloberfläche gleichkommt, ist fast unmöglich. Einige Sammler haben kleine Schäden erfolgreich mit Holzspachtelmasse ausgebessert. Denken Sie aber daran, daß eine Puppe in repariertem Zustand weniger wert sein kann als in beschädigtem.

Deutsche Wachspuppe von ca. 1880; Kleidung und Haar sind ihre Originalausstattung.

Puppe mit Papiermaché-Kopf, Holzarmen und Stoffkleidern. Sie wurde 1800 von dem niederländischen Puppenmacher Spijk Mijnssen gefertigt.

Auch Puppen aus glasiertem Porzellan, Parian- und Biskuitkopfpuppen sollten niemals mit Scheuer- oder Reinigungsmitteln bearbeitet werden. Wurde die Farbe nach dem Brand der Hauptglasur als Überglasurbemalung aufgetragen, so kann sie durch starkes Reiben leicht zerstört werden. Handelt es sich um Unterglasurbemalung, ist sie zwar durch die abschließende Glasur geschützt, aber selbst schützende Glasuren können von scharfen Mitteln angegriffen werden. Verwenden Sie reine Seife, schäumen Sie sie auf und tragen Sie mit einem weichen, sauberen Tuch oder Watte ein wenig Schaum an unauffälliger Stelle auf. Gehen Sie mit diesen empfindlichen und zerbrechlichen Puppen stets behutsam um und legen Sie sie auf eine gepolsterte Unterlage, bevor Sie mit der Arbeit beginnen. Schützen Sie die Puppen vor direktem Sonnenlicht und plötzlichen Temperaturschwankungen und bewahren Sie sie nach Möglichkeit in einer Glasvitrine auf, wo sie nicht aus Versehen umgestoßen werden können.

Die frühen Celluloidpuppen sollten so vorsichtig behandelt werden wie Biskuit- oder Porzellankopfpuppen. Sie wurden zwar als unzerbrechlich und außerordentlich haltbar angepriesen, aber dieses Versprechen war voreilig. Sie sind genauso zerbrechlich und leicht zu beschädigen wie Porzellanpuppen.

Puppen aus hartem Kunststoff oder Vinyl können mit Wasser und einem milden Reinigungsmittel gesäubert werden. Gehen Sie dabei aber immer schonend vor. Vermeiden Sie es, eine Puppe völlig zu durchnässen und tauchen Sie sie nie ganz in Wasser; wenn es in den Körper eindringt, kann sich Schimmel bilden und die Gelenkaufhängungen können Schaden nehmen. Bei Vinyl entwickeln sich gelegentlich Stockflecken, die Sie mit handelsüblichen Produkten entfernen können. Auch das Fleckenmittel sollten Sie an einer kleinen Stelle ausprobieren, bevor Sie sich über die ganze Puppe hermachen. Eine große Gefahr geht heute von Kugelschreibern aus, deren Paste auf Vinyl böse Flecken hinterlassen kann. Geben Sie etwas Methylalkohol auf ein sauberes, weiches Tuch und arbeiten Sie sich vom Rand des Fleckens nach innen vor. Wechseln Sie das Tuch, sobald es sich verfärbt. Verwenden Sie keine Bleichmittel, Azeton oder Ammoniak.

Es ist wenig sinnvoll, sich eine Sammlung wunderschöner Puppen zuzulegen und sie dann in Schachteln zu verstauen. Um voll zur Geltung zu kommen, brauchen Puppen Platz. Wenn Sie nur wenige haben, dann investieren Sie in eine Glasvitrine, die Sie in gebührendem Abstand zu Heizkörpern und abseits von direkter Sonneneinstrahlung aufstellen. Verwenden Sie spezielle Ständer, um Ihre Puppen abzustützen und sie aufrecht aufstellen zu können. Überprüfen Sie sie regelmäßig auf Ungezieferschäden. Und vor allem: erfreuen Sie sich an ihrem Anblick.

Französische Modepuppe ohne Markierung, die um 1870 hergestellt wurde. Sie könnte von Jumeau stammen.

THÜRINGISCHE ZIEHDOCKEN

DATIERUNG: 18. Jahrh.; HERKUNFT: Deutschland; PUPPEN-MACHER: nicht bekannt; GRÖSSE: 23 cm

Diese drei Dockenmütter sind bemalte, gedrehte Holzdocken mit beweglichen Armen. Zieht man an einer Schnur, bewegen sich die Arme auf und nieder und wiegen so das Wickelkind. Bei der Puppe links, im blauen Kleid, handelt es sich um eine Kopie eines älteren Sonneberg-Modells; die beiden anderen sind jedoch Originale und stammen vermutlich aus Viechtau, südlich von Sonneberg.
Die Kegelform entstand durch Drehen der Holzstümpfe (Docken) auf einer Drehbank. Diese Technik wurde auch für kleinere Puppen verwandt, die oft zu den Holzbaukästen gehörten, wie sie ab dem frühen 18. Jahrhundert hergestellt wurden. Von diesen Bausätzen waren Bauernhöfe, Jagdszenen, Parks, Jahrmärkte und Archen komplett mit Tieren erhältlich.

GRÖDNERTALER HOLZPUPPE

DATIERUNG: ca. 1810; HERKUNFT: Südtirol; PUPPENMACHER: nicht bekannt; GRÖSSE: 41 cm

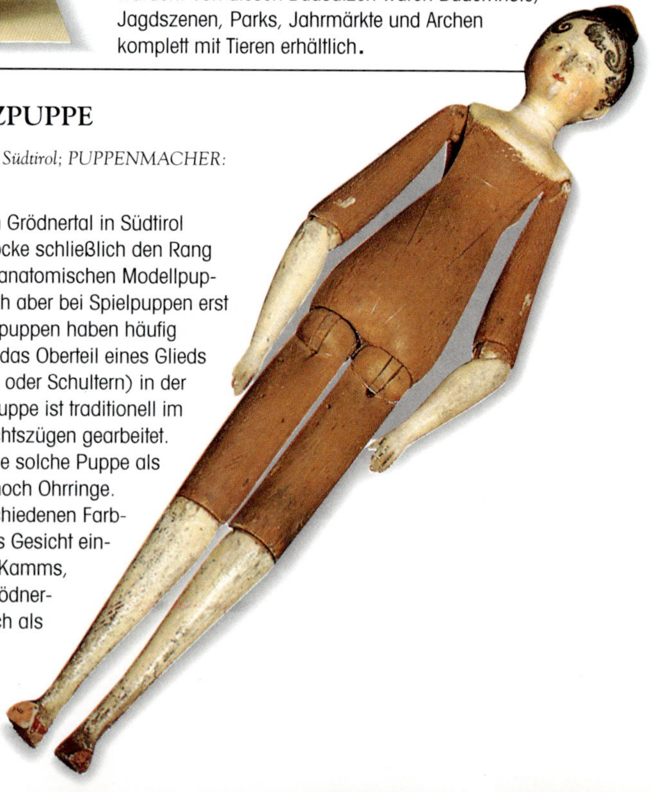

Die hölzernen Gliederpuppen, die im Grödnertal in Südtirol gefertigt wurden, liefen der Stumpfdocke schließlich den Rang ab. Künstler hatten bereits bei ihren anatomischen Modellpuppen Kugelgelenke verwendet, die sich aber bei Spielpuppen erst allmählich durchsetzten. Die Gliederpuppen haben häufig Steckgelenke, d. h. ein Holzstift hält das Oberteil eines Glieds in einer Vertiefung im Rumpf (Hüften oder Schultern) in der richtigen Position. Der Kopf dieser Puppe ist traditionell im frühen Stil mit feinen gemalten Gesichtszügen gearbeitet. Die Ohren sind geschnitzt. Wenn eine solche Puppe als Frau gekleidet wurde, erhielt sie oft noch Ohrringe. Typisch sind die Haare in zwei verschiedenen Farbstufen und die Kringellocken, die das Gesicht einrahmen. Aufgrund des geschnitzten Kamms, der meist gelb bemalt ist, werden Grödnertaler Holzpuppen von Sammlern auch als »Steckkammpuppen« bezeichnet.

PUPPENMANN

DATIERUNG: 1725–50; HERKUNFT: vermutlich Holland; PUPPENMACHER: nicht bekannt; GRÖSSE: 42 cm

Diese Seltenheit aus dem 18. Jahrhundert ist à la française gekleidet, wie es einem Mann von hohem gesellschaftlichem Rang in jener Zeit entsprach. Die hohen Stulpenmanschetten, das Jabot, der weit ausgestellte, auf Figur geschnittene Rock (Just-au-corps), die Weste mit Schößen und der Dreispitz sind typisch für die Mode dieser Epoche. Der Kopf der Puppe, ihre Unterarme, Hände und Unterschenkel sind aus Holz, auf das Gipsgrund aufgelegt wurde. Körper, Oberarme und Oberschenkel sind aus ausgestopftem Tuch geformt. Die Gesichtszüge wurden aufgemalt, und das Haar ist echt.
Lord Clapham, die berühmte Puppe aus dem frühen 18. Jahrhundert, die zusammen mit Lady Clapham im Victoria & Albert Museum in London zu sehen ist, trägt einen ähnlichen roten Rock.

FRANZÖSISCHE PUPPE

DATIERUNG: 18. Jahrh.; HERKUNFT: Frankreich; PUPPENMACHER: nicht bekannt; GRÖSSE: 84 cm

Diese elegant gekleidete Puppe ist Teil der Galéa-Sammlung im Musée National de Monaco. Das Seidenkleid ist mit blauen Blumen verziert und in der damaligen Sackmode gearbeitet, die sehr bequem war. Kellerfältchen fallen auf dem Rücken vom Hals nach unten und gehen in üppige Falten über. Die Dreiviertelärmel sind mit breiten Spitzenrüschen besetzt. Kleider dieses Stils sind auch auf den Bildern von Jean-Antoine Watteau (1684–1721) zu sehen. Das Gesicht der Puppe ist wundervoll geschnitzt; selbst die Augenlider sind behutsam und zart herausgearbeitet. Gesicht und Hals wurden vor dem Bemalen mit Gips grundiert. Auch die Hände sind fein geformt und bemalt. Die Puppe ist auf einer kegelförmigen Stütze fixiert.

ENGLISCHE HOLZPUPPE

DATIERUNG: 40er Jahre 18. Jahrh.; HERKUNFT: England; PUPPENMACHER: nicht bekannt; GRÖSSE: 51 cm

Unter der recht runden Stirn sind die Gesichtszüge dieser Puppe gut gezeichnet. Sie hat Augen aus dunklem Glas; die Augenbrauen und -lider sehen aus wie gestickt. Die fein geschnitzten Ohren sind mit Ohrringen geschmückt.

Die Haare der Puppe sind unter einem spitzenbesetzten Häubchen zurückgenommen, und der tiefe Ausschnitt wird züchtig durch einen Chemisette-Einsatz bedeckt, der mit demselben Spitzenbesatz abschließt wie die Haube. Das Mieder läuft spitz in einen bauschigen Rock, und aus den Dreiviertelärmeln des Oberkleids treten die spitzenbesetzten Ärmel der Chemisette heraus. Der Rock ist vorne offen, so daß ein versteifter Unterrock sichtbar wird. Unter dem Rock trägt die Puppe lange, blaue Strümpfe und Pantoffeln mit weißer Ledersohle. Über die geschnitzten Holzhände sind lange Halbhandschuhe aus Leder gezogen.

ENGLISCHES PUPPENMÄDCHEN

DATIERUNG: Mitte 18. Jahrh.; HERKUNFT: England; PUPPENMACHER: nicht bekannt; GRÖSSE: 30 cm

Diese ausgezeichnet erhaltene Puppe ist ein typisches englisches Produkt um die Mitte des 18. Jahrhunderts. Das Gesicht wurde mit Gips grundiert, bevor die Züge aufgemalt wurden, und abschließend lackiert. Die Puppe hat dunkle Glasaugen mit »gestickten« Brauen und Wimpern, wie sie auch im Bild oben zu erkennen sind. Das Haar wurde festgenagelt. Die Beine sind mit Gelenken am Rumpf befestigt, haben aber keine Füße. Arme und Hände bestehen aus Ziegenleder. Die Puppe trägt noch die Originalkleider, deren Säume und Fältchen sehr fein genäht sind. Zur Ausstattung gehört überdies ein Arbeitskleidchen aus blau-weiß gestreifter Baumwolle.

SCHOTTISCHE PUPPE

DATIERUNG: Mitte 18. Jahrh.; HERKUNFT: Schottland; PUPPENMACHER: nicht bekannt; GRÖSSE: 51 cm

Vom Rücken des Kleides dieser Puppe hängen Gängelbänder herab. Dies bedeutet allerdings nicht unbedingt, daß die Puppe ein Kind darstellen sollte, denn zu dieser Zeit waren die Kleider aller abhängigen Frauen mit Gängelbändern versehen. Das grüne Seidenkleid ist hinten mit Spitze abgesetzt, und der gebauschte Rock bedeckt einen versteiften, rosafarbenen Seidenunterrock. Auch die Haube ist unterfüttert.
Schultern und Hüften der Puppe sind recht breit, die Taille ist dagegen entsprechend der damaligen Mode schmal und elegant. Die aus Seide gearbeiteten Oberarme sind mit Draht an den Unterarmen befestigt. Die Beine bestehen aus Holz und sind mit Steckgelenken am Rumpf und an den Knien ausgestattet.

ENGLISCHES PUPPENKIND

DATIERUNG: ca. 1800; HERKUNFT: England; PUPPENMACHER: nicht bekannt; GRÖSSE: 51 cm

Oberflächlich betrachtet ähnelt diese Puppe zwar der Puppe auf Seite 14, sie ist aber nicht so fein gearbeitet. Der Körper ist eher kindlich, und die langen Arme sind kerzengerade ohne jede Andeutung von Ellbogen oder Handgelenken. Das hochtaillierte Baumwollkittelchen entspricht dem Empirestil, wie er zur Zeit der Napoleonischen Kriege getragen wurde. Darunter trägt die Puppe Leibchen und Leinenhöschen aus einer früheren Stilepoche, was darauf schließen läßt, daß sie später neu eingekleidet worden ist. Die blonden Wollringellöckchen werden mit einem blauen Band zusammengehalten; sie sind an ein Nesselkäppchen geheftet, das am Kopf der Puppe festgenagelt wurde. Zur Ausstattung gehört auch noch eine grüne Haube; die hier jedoch nicht abgebildet ist.

FRANZÖSISCHE HOLZPUPPE

DATIERUNG: ca. 1810; HERKUNFT: vermutlich Frankreich; PUPPENMACHER: nicht bekannt; GRÖSSE: 77 cm

Diese große Puppe wurde 1909 dem Musée des Arts Décoratifs in Paris geschenkt und steht in deutlichem Kontrast zu der nahezu zeitgleich gefertigten englischen Puppe auf Seite 15. Sie besitzt Kugelgelenke, die an den Knien mit Häkchen fixiert werden können. Haare und Gesicht wurden auf Gipsgrund gemalt; die Züge sind fein geschnitzt. Man geht davon aus, daß die Puppe in Frankreich gefertigt wurde; allerdings sind die Haare im Stil früher deutscher Puppen aufgemalt. Die Kleider sind Kopien der Originalausstattung, die in so schlechtem Zustand war, daß sie ersetzt werden mußte.

QUEEN-ANNE-PUPPE

DATIERUNG: ca. 1850; HERKUNFT: England; PUPPENMACHER: nicht bekannt; GRÖSSE: nicht bekannt

Diese Puppen sind zwar nach der englischen Queen Anne benannt, sie wurden aber in gleicher Art sowohl vor als auch nach der Regierungszeit dieser Königin (1702–14) hergestellt. Sie werden zwar allgemein mit England in Verbindung gebracht; man findet sie jedoch auch in Nordamerika, wohin sie frühe Siedler vermutlich mitnahmen. Der Körper wurde auf der Drehbank gefertigt, während der Kopf handgeschnitzt ist. Der Kopf der hier abgebildeten Puppe ist mit Gips grundiert, hat schwarz emaillierte Augen ohne Pupillen, einen kleinen gemalten Mund, und die Wangen sind durch aufgemaltes Rouge betont. Die Holzgliedmaßen haben Gelenke; die Unterarme sind weiß bemalt, ebenso die Unterschenkel, und die Füße stecken in aufgemalten grünen Stiefelchen.

GLIEDERPUPPE

DATIERUNG: ca. 1870; HERKUNFT: Deutschland; PUPPENMACHER: nicht bekannt; GRÖSSE: 55 cm

Die Gliederpuppen oder sogenannten »Dutch Dolls« (Holländischen Puppen) kamen nicht wirklich aus den Niederlanden. Eine Erklärung für diese Bezeichnung könnte darin liegen, daß es sich bei dem Wort »Dutch« um eine Verballhornung von »Deutsch« handelt. Allerdings stammt dieser Puppentyp aus Österreich. Möglicherweise wurden sie auch Dutch Dolls genannt, weil sie in Holland zusammengesetzt und dann nach England exportiert wurden.
Hier handelt es sich um ein relativ spätes Exemplar dieses Typs. Der Körper ist voll beweglich, jedoch weniger durchgeformt als z. B. die frühen Grödnertaler Puppen oder selbst die frühen Stumpfdocken (s. Seite 12). Die Gesichtszüge sind recht flüchtig auf das plumpe, kegelförmige Gesicht gemalt. Mund und Wangen sind grob aufgepinselt, Hände und Füße kaum mehr als eine Andeutung.
Die Puppe ist in prächtige Gewänder gekleidet, die der Mode des ausgehenden 19. Jahrhunderts entsprechen. Es handelt sich jedoch nicht um die originale Bekleidung.

JOEL-ELLIS-PUPPE

DATIERUNG: ca. 1873; HERKUNFT: USA; PUPPENMACHER: Vermont Novelty Co.; GRÖSSE: 30 cm

Dieses seltene Stück ist eher interessant als schön zu nennen. Kopf und Körper sind aus Holz, Hände und Füße aus Metall. Bei den Gelenken an Hals, Schultern, Ellbogen, Hüften und Knien handelt es sich um Zapfenverbindungen.
Die Vermont Novelty Company aus Springfield, Vermont, USA, stellte Holzpuppen eines Typs her, für den Joel Addison Hartley Ellis (1858–1925) das Patent besaß. Er stammte auch aus Springfield und war einer der ersten Puppenmacher der USA. Die Vermont Novelty Co. stellte ungewöhnliche Vollholz-Gliederpuppen wie die hier abgebildete her, die als Joel-Ellis-Puppen bekannt sind. Kopf und Körper wurden in einem Stück gedreht. Es gab diese Puppen in den drei Größen 30, 38 und 46 cm. Die Köpfe wurden in einer Preßform hergestellt und von Hand bemalt. Die Puppen sind äußerst selten, sehr teuer und außerhalb den USA fast nie zu finden.

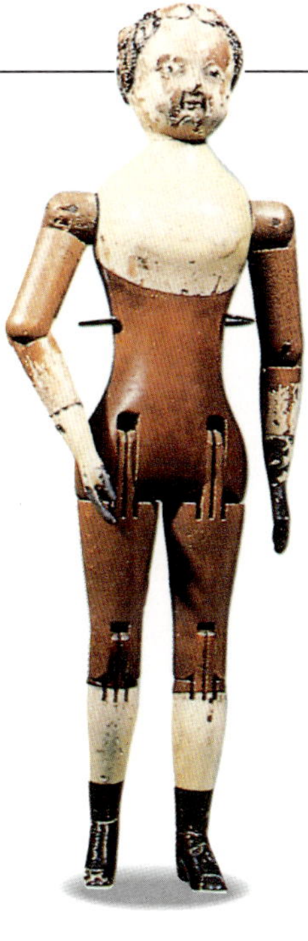

TANZDOCKEN

DATIERUNG: Mitte 19. Jahrh.; HERKUNFT: Deutschland; PUPPENMACHER: nicht bekannt; GRÖSSE: 6 cm

Zu den frühesten Ergebnissen beim Versuch, Puppen herzustellen, die sich bewegen, gehören die Tanzdocken, die ab 1780 in alle Welt exportiert wurden. Da ihre kleinen Körper auf Borsten gestützt waren, wurden sie auch Borsten- oder Klavierpüppchen genannt. Stellte man sie auf ein Klavier oder eine Trommel, übertrug sich die Vibration des gespielten Instruments auf die Borsten und die an Gelenken aufgehängten Beine fingen an »herumzutanzen«. Die Puppenkörper bestanden oft aus geformtem Teig oder Komposition. Dieses simple Spielzeug war in Deutschland als Docke bekannt. Außer den Tanzdocken gab es auch Schepperdocken, deren hohle, gedrehte Körper mit Erbsen oder Körnern gefüllt waren, und schließlich die Ziehdocken, bei denen man, wie bei den Puppen auf Seite 12, die Arme mit Hilfe einer Schnur auf und ab bewegen konnte.

SCHOENHUT-PUPPE

DATIERUNG: ca. 1914; HERKUNFT: USA; PUPPENMACHER: A. Schoenhut & Co.; GRÖSSE: 41 cm

Dieses hübsche Puppenmädchen mit seinem erwartungsvollen Gesichtsausdruck steht als Beispiel für die Arbeiten der Firma A. Schoenhut & Co. aus Philadelphia. A. Schoenhut, ein Nachfahre deutscher Holzschnitzer, wanderte mit 17 Jahren nach Amerika aus. Schon nach fünf Jahren, d. h. 1872, hatte er seine eigene Firma gegründet. Zwischen 1911 und 1926 stellte das Unternehmen die All-Wood Perfection Art Dolls her, die an Hals, Schultern, Ellbogen, Handgelenken, Hüften, Knien und Fesseln voll beweglich waren. Die Gelenke wurden durch eine »Patentaufhängung aus Stahl mit Doppelzugfedern und Drehverbindungen« gehalten; so konnte die Puppe leicht bewegt werden und dennoch jede Position beibehalten. Viele dieser Puppen haben die Zeit überdauert.

MODERNE STUMPFDOCKEN

DATIERUNG: Ende 20. Jahrh.; HERKUNFT: England; PUPPENMACHER: Robin and Nell Dale; GRÖSSE: 20 cm

Die Konturen der modernen Püppchen erinnern an die frühen Docken. Sie wurden von den Mitgliedern der Britischen Spielzeugmachergilde Robin und Nell Dale aus Nordengland geschaffen, die außer den hier abgebildeten Figuren noch eine bunte Palette anderer gedrehter und handbemalter Holzpüppchen und Schachfiguren herstellen. Die Puppen sind anspruchsvoller gestaltet als ihre Gegenstücke aus dem 18. Jahrhundert, die man Stumpfdocken nannte, weil sie aus Holzstümpfen gemacht wurden.

ALMUT-AUGUSTINE-PUPPE

DATIERUNG: 90er Jahre 20. Jahrh.; HERKUNFT: Deutschland; PUPPENMACHERIN: Almut Augustine; GRÖSSE: ca. 36 cm

Den Stumpfdocken diametral entgegengesetzt ist diese überzeugend naturalistische Puppe der deutschen Puppenmacherin Almut Augustine, die 1992 starb. Sie machte eine Ausbildung als Kindergärtnerin und begann im Alter von 17 Jahren Puppen zu machen. Einige dieser Puppen haben weiche Körper. Diese hier besteht jedoch vollkommen aus Lindenholz, das von den Bäumen ihrer Nürnberger Heimat stammt. Die Haare der Puppe stammen von einem Nachbarskind.

ART-FABRIC-MILLS-PUPPEN

DATIERUNG: ca. 1900; HERKUNFT: USA; PUPPENMACHER: Art Fabric Mills; MARKIERUNG: Art Fabric Mills/New York/Patented Feb 13 1900; GRÖSSE: 63,5 cm

Ab 1899 bis etwa 1910 produzierten die Art Fabric Mills in New York verschiedene Stoffpuppen. Das Datum am Fuß der Puppe gibt den Tag der Musterpatentierung, nicht das Herstellungsdatum an. Bei der Puppe lassen sich noch Reste des aufgedruckten Haares, des Haarbands und der Gesichtszüge erkennen. Der Körper ist ausgestopft, und die Hände sind simple, recht primitive Stümpfe. Die Strümpfe sind rot aufgedruckt, und die schwarzgedruckten Stiefel sind geschnürt. Das Unternehmen stellte auch lebensgroße Puppen mit gezwickelten Fußgelenken her, die aufrecht stehen konnten.

MARTHA-CHASE-PUPPE

DATIERUNG: Anfang 20. Jahrh.; HERKUNFT: USA; PUPPENMACHERIN: Martha J. Chase; GRÖSSE: 51 cm

Martha Jenks Chase (1880–1925) aus Pawtucket, Rhode Island, fertigte weiche, unzerbrechliche, waschbare Puppen zunächst für ihre Familie und Freunde und hatte damit so großen Erfolg, daß ihre Puppen schon bald in Produktion gingen. Im Jahr 1922 wurden bereits 19 verschiedene Modelle hergestellt, und die Firma wurde nach ihrem Tod 1925 noch viele Jahre von ihrem Ehemann und ihrem Sohn weitergeführt. Auch wenn die Puppen eher etwas derb aussehen, so geht von ihnen doch ein realistischer Charme und eine gewisse Vitalität aus. Der Kopf der Puppe bestand aus Trikotstoff, der über eine Maske geleimt, grundiert und schließlich mit Ölfarben angemalt wurde. Die Ohren und Daumen wurden separat angesetzt, und die Augen und Haare, die meist hell waren, wurden aufgemalt. Puppen, die vor 1920 gefertigt wurden, waren mit Gelenken an Schultern, Hüften, Ellbogen und Knien ausgestattet.

STEIFF-PUPPE

DATIERUNG: ca. 1910; HERKUNFT: Deutschland; PUPPENMACHERIN: Steiff; GRÖSSE: 38 cm

Größte Berühmtheit erlangte Margarete Steiffs Unternehmen in Giengen/Württemberg mit seinen wundervollen Teddybären. Ab 1893 stellte die Firma Steiff jedoch auch Puppen her, die von Margarete Steiff selbst entworfen wurden. Die Puppen erkennt man sofort an der Mittelnaht im Gesicht. Die Puppen sind nicht sonderlich attraktiv; aber es war Margarete Steiffs Ziel, sie realistisch aussehen zu lassen. Sie sind robust gearbeitet und können aufrecht stehen. Der Mund dieser Puppe ist geöffnet; die Haare sind zu Zöpfen zusammengefaßt. Spätere Modelle wurden aus Plüsch oder Samt gefertigt, aber auch durch ihr Gesicht läuft noch eine Mittelnaht. Ab 1905 tragen Steiff-Puppen meist einen Metallknopf im linken Ohr. Durch den berühmten Knopf lassen sie sich leicht identifizieren.

DEAN'S TRU-TO-LIFE-PUPPE

DATIERUNG: ca. 1913; HERKUNFT: England; PUPPENMACHERIN: Dean's Rag Book Co.; GRÖSSE: 33 cm

Dean & Son Ltd. aus London wurde Mitte des 19. Jahrhunderts gegründet; unter der Leitung von Samuel Dean begann die Tochterfirma Dean's Rag Book Co. Ltd ab 1903, Ausschneidepuppen aus Stoff herzustellen. Die Tru-to-Life-Puppen, die etwa 1917 durch Warenzeichen geschützt wurden, konnten als Stoffbogen zum Ausschneiden oder als fertige Puppe ab Fabrik gekauft werden, wo der Stoff auf ein steifes Futter gepreßt wurde, so daß ein plastisches Gesicht entstand. Durch diese Technik ließ sich den Stoffpuppen ein natürlicheres Aussehen geben. Zu der Modellreihe Tru-to-Life wurde eine große Typenvielfalt von Puppen mit und ohne Kleider geschaffen. Die unbekleideten trugen, wie diese hier, ein spitzenbesetztes Hemdchen und ein Höschen. Als weitere Neuerung dieser Serie hatten diese Puppen Fußsohlen, die hier gut sichtbar sind, auf denen sie aufrecht stehen konnten. Das Firmenzeichen wurde auf diese Sohlen gedruckt (siehe auch Seite 25).

KÄTHE-KRUSE-PUPPEN

DATIERUNG: ca. 1920–30; HERKUNFT: Deutschland; PUPPENMACHERIN: Käthe Kruse; MARKIERUNGEN: Puppe rechts signiert; trägt die Nummer 13449; GRÖSSE: Puppe links 43 cm; Puppe rechts 53 cm

Käthe Kruse (1883–1968) wurde in Breslau, Schlesien, geboren. Für ihre besonders naturgetreuen Puppen standen die eigenen Kinder Modell. Zunächst fertigte sie Puppen für ihre Familie an und begann dann ab etwa 1910 auf Bestellung zu arbeiten. Die in zwei Hälften modellierten Köpfe bestanden aus versteiftem Musselin, der bemalt wurde; anschließend wurden die Hälften zusammengefügt und mit Stopfmaterial gefüllt. Die Körper bestanden aus Watteschichten, die um ein Drahtgerüst gewickelt wurden. Die hier gezeigten Puppen sind mit ihren wirklichkeitsnah gemalten Gesichtern charakteristische Beispiele ihrer Arbeit. Das Haar der Puppe links ist aufgemalt – typisch für Arbeiten zwischen 1910 und 1929.

KÄTHE-KRUSE-PUPPE

DATIERUNG: ca. 1925; HERKUNFT: Deutschland; PUPPENMACHERIN: Käthe Kruse; GRÖSSE: 43 cm

Der absichtlich ernste, sehnsüchtige Ausdruck auf den Gesichtern früher Käthe-Kruse-Puppen sollte, so heißt es, das traurige Leben während des Ersten Weltkriegs widerspiegeln. Die hier gezeigte Puppe trägt holländische Nationaltracht komplett mit Holzklumpen und Haube, und ihre Haare und Gesichtszüge sind aufgemalt. Der Daumen ist an die Hand angenäht, deren Finger nur durch Nähte angedeutet sind. Schultern und Hüften sind beweglich.

In der Werbung wurden diese Puppen als »lebensechte Reproduktionen, weich, haltbar, waschbar und 100 Prozent handgefertigt aus imprägniertem Nesselstoff« beschrieben. Einige der frühen Käthe-Kruse-Puppen wurden mit Sand beschwert, damit sie sich auch lebensecht anfühlten.

LENCI-PUPPE

DATIERUNG: ca. 1920; HERKUNFT: Italien; PUPPENMACHER: Lenci; GRÖSSE: 30 cm

Lenci ist der Handelsname, den Enrico Scavini wählte, als er in den frühen zwanziger Jahren mit der Herstellung von Puppen aus gepreßtem Filz begann. Die frühen Modelle waren meist Trachten- bzw. Charakterpuppen und kleine Puppenmädchen. Sie wurden alle von Enrico Scavinis Frau Elena und ihrem Bruder entworfen. Als der Betrieb größer wurde, gestalteten bekannte Künstler die vielfältigen Puppentypen, die von Lenci zu finden sind.

Die hier gezeigte Lenci-Puppe hat lockiges Haar, das in Reihen am Kopf befestigt ist; die Augen sind im Seitenblick gemalt. Der Mund ist geschlossen und der Puppenkörper besteht aus gefülltem Filz.

Das Unternehmen existiert heute noch und stellt weiterhin Filzpuppen guter Qualität her.

LENCI-PUPPE

DATIERUNG: ca. 1925; HERKUNFT: Italien; PUPPENMACHER: Lenci; MARKIERUNGEN: 5 auf einer Fußsohle; GRÖSSE: 46 cm

Die frühen Lenci-Puppen hatten einen geprägten Filzkörper, der nicht gestopft wurde; er wurde jedoch später von einem Baumwollbalg mit Filzschultern abgelöst. Diese Lenci-Puppe, bekannt als »Der Tennisspieler«, gehört zu einer Reihe, die das Londoner Kaufhaus »Liberty« vertrieb, und wurde 1925 dort gekauft. Ihre braunen Augen schauen zur Seite, und sie trägt Originalkleidung und -schuhe. Einige Lenci-Puppen sind mit einem Papieretikett, andere mit einem Metallknopf gekennzeichnet. Manchen, so unserem Tennisspieler, wurde eine Markierung auf die Fußsohle gestempelt. Die meisten wurden jedoch nicht gekennzeichnet.

LUCY

DATIERUNG: ca. 30er Jahre 20. Jahrh.; HERKUNFT: England; PUPPENMACHERIN: Norah Wellings; GRÖSSE: 80 cm

Diese große Puppe von Norah Wellings ist als Lucy bekannt. Sie hat ein formgepreßtes Filzgesicht, dessen Züge einschließlich der blauen Augen und dem geschlossenen Mund aufgemalt sind. Auch der Gelenkkörper ist aus Filz. Ungewöhnlich sind die Hände, deren Finger einzeln ausgearbeitet sind. Die Haare sind aus Mohair, die Puppe trägt Originalkleidung. Norah-Wellings-Puppen wurden von 18 cm bis 90 cm in vielen Größen hergestellt; alle wiesen einen Kurbelkopf auf, und einige, jedoch keineswegs alle, sind voll beweglich. (Siehe auch unten und Seite 25.)

CHAD-VALLEY-PUPPE

DATIERUNG: ca. 1935; HERKUNFT: England; PUPPENMACHER: Chad Valley Co. Ltd; MARKIERUNGEN: Hygienic/Made in England/Chad Valley Co.; GRÖSSE: 27 cm

Die Firma Chad Valley war 1823 in Birmingham gegründet worden und hatte sich auf Reklamepuppen und -spielzeug spezialisiert. Dazu gehörten auch Figuren aus Filmen oder Comic strips, wie z. B. Bonzo, ein Bullterrierwelpe, den die englische Zeitung »Daily Sketch« unsterblich machte. In den zwanziger Jahren dieses Jahrhunderts stellte das Unternehmen Mabel-Lucy-Atwell-Puppen und eine Serie nach Schneewittchen und den sieben Zwergen her.
Der Matrose, auf dessen Mützenband der Name des Flugzeugträgers »HMS Furious« steht, wurde von Norah Wellings (siehe Seite 25) mit einem Anzug aus dunkelblauem Samt entworfen. Solche Matrosenpuppen wurden auch auf Ozeandampfern als Souvenirs verkauft.

DEAN'S-RAG-BOOK-PUPPEN

DATIERUNG: ca. 1930; HERKUNFT: England; PUPPENMACHER: Dean's Rag Book Co.; GRÖSSE: 1 m

Das Bild zeigt ein schönes Exemplar der großen Puppen, die von der Firma Dean gefertigt wurden. Das Unternehmen, das mit Ausschneidepuppen und Stoffbilderbüchern begonnen hatte, erweiterte sein Sortiment und stellte auch edleres Spielzeug und Puppen her, darunter viele Gelenkpuppen mit Glasaugen, die frei stehen konnten. Überdies wurde auch die Garderobe für diese Puppen angefertigt. Manche Puppen wurden nach der neuesten Mode gekleidet, und viele von ihnen gehörten eher zu den »Diwanpuppen« als ins Reich des Spielzeugs. Wie bei unserem Beispiel bestand das Gesicht dieser Puppen meist aus einer Maske, die mit Trikot überzogen und bemalt war. (Siehe auch Seite 21.)

NORAH-WELLINGS-PUPPEN

DATIERUNG: ca. 1926–60; HERKUNFT: England; PUPPENMACHER: Norah Wellings Co.; GRÖSSE: 37 cm

Diese beiden Puppen wurden von Norah Wellings gemacht, die ihre Karriere bei Chad Valley begann, bevor sie Mitte der zwanziger Jahre mit ihrem Bruder Leonard einen eigenen Betrieb gründete. Als einen ihrer ersten Aufträge sollte sie Matrosenmaskottchen zum Verkauf auf den Schiffen der Cunard-Linie herstellen. Da sie alle diese Püppchen mit dem Schildchen »Made in England by Norah Wellings« versah, verbreitete sich ihr Ruhm rasch.

Sie hat Dutzende Puppen verschiedenster Größen entworfen. Diese beiden haben Gesichter aus Filz und tragen Samtuniformen. Sie stellen weibliche Angehörige der Royal Air Force bzw. des Royal Naval Service dar. Da Norah Wellings während des Zweiten Weltkriegs bestellte Puppenmacherin des British Commonwealth war, fertigte sie die unterschiedlichsten »Puppen in Uniform« an.

ENGLISCHE PUPPE

DATIERUNG: 18. Jahrh.; HERKUNFT: vermutlich England; PUPPENMACHER: nicht bekannt; GRÖSSE: 61 cm

Kopf, Brust und Hände dieser herrlichen Puppe sind aus Wachs, der übrige Körper ist aus Stoff genäht und mit Stroh gefüllt. Sie hat feststehende Augen und gebogene Augenbrauen, die mit vielen Einzelstrichen in das Wachs graviert sind, was ihr ein exquisites Aussehen verleiht. Auf dem vollen braunen Haar sitzt eine Kappe aus weißem Musselin, die mit rosafarbenen Bändern geschmückt ist.
Die Puppe trägt ein Seidenkleid in Blaßtürkis. Die halblangen Ärmel enden in Doppelrüschen aus rosagefärbten Bändern. Das Kleid wird über einem Taftunterrock getragen, der auf cremefarbene Wolle gesteppt ist. Darunter trägt sie ein Fischbein-Korsett, eine Chemise mit langen Ärmeln, gestrickte Wollkniestrümpfe und rot und golden bestickte Schuhe.

ENGLISCHE PUPPE

DATIERUNG: 1820; HERKUNFT: England; PUPPENMACHER: nicht bekannt; GRÖSSE: 30 cm

Diese bezaubernde kleine Wachspuppe hat feststehende Glasaugen und braune Locken. Das Sommerkleidchen ist aus weißer Baumwolle, der große Sonnenhut aus Stroh wird unter dem Kinn mit einer prächtigen Schleife gebunden.
Dieses Exemplar gehört zu einer Sammlung von 1200 Puppen, die im Museum of Childhood, dem Museum der Kindheit, in Judges' Lodgings in Lancaster, England, ausgestellt sind. Das Museum befindet sich im ersten Stock dieses Gebäudes aus dem 17. Jahrhundert, das ursprünglich Bezirksrichtern, die zu den verschiedenen Gerichtstagen der Grafschaft anreisten, als Unterkunft diente.

PRINCE OF WALES UND PRINCESS ROYAL

DATIERUNG: ca. 1843; HERKUNFT: Deutschland; PUPPEN-MACHER: nicht bekannt , GRÖSSE: links 15 cm; rechts 16 cm

Im 19. Jahrhundert war das Interesse an der königlichen Familie in England enorm, und so handelt es sich bei diesen Püppchen, die die beiden ältesten Kinder von Queen Victoria darstellen, vermutlich um Souvenir-Puppen. Kopf und Glieder sind aus Vollwachs. So entzückend das Pärchen ist – Ähnlichkeit mit den Vorbildern wurde nicht angestrebt. Ohne ihre Kleidung könnten es beliebige Kinder sein.

Der Prince of Wales trägt ein weißes Organzakleid, wie es damals für kleine Jungen üblich war, und einen Hut aus Spitze und Gold mit fürstlichem Federbusch. Victoria, das älteste Kind der Königin,trägt ein Spitzenkleid über blauem Satin.

QUEEN VICTORIA

DATIERUNG: ca. 1851; HERKUNFT: England; PUPPENMACHER: nicht bekannt; GRÖSSE: 38 cm

Dieses wunderbare Modell aus gegossenem Wachs stellt die Königin als junge Frau in ihrer Krönungsrobe dar. Es wurde anläßlich der Londoner Weltausstellung von 1851 gekauft und immer unter einem Glassturz aufbewahrt, was seinen exzellenten Zustand erklärt. Zwar sind Kopf, Brust und Arme aus Wachs, die Beine jedoch aus Stoff, und die Füße bestehen aus einem soliden Material, möglicherweise Holz. Sie stecken in Stiefeletten, über die Schuhe aus Glacéleder gezogen sind.

Unter dem auf Maß gearbeiteten und exquisit ausgestatteten Seidenkleid trägt die Puppe einen Unterrock und lange Pantalons aus plissiertem Batist. Das Echthaar ist in das Wachs eingelassen und im Stil der Zeit geflochten. Die blauen Augen sind aufgemalt.

Dieses Exemplar ähnelt einer Puppe von Madame Augusta Montanari (1818–64), die auch Queen Victoria darstellt und im Museum of London zu sehen ist.

AMY

DATIERUNG: ca. 1860; HERKUNFT: England; PUPPENMACHER: Montanari; GRÖSSE: 79 cm

Diese Puppe, die als Amy bekannt ist, trägt die authentische Trauerkleidung eines dreijährigen Kindes im 19. Jahrhundert, als die Sterblichkeit hoch war und Kinder einen großen Teil ihres jungen Lebens in schwarzen Kleidern verbrachten. Vivien Greene kleidete die Puppe zunächst in ein mit Fältchen und Stickerei verziertes viktorianisches Kleid aus weißem Kambrik, um ihr ein heitereres Aussehen zu geben. Später wurde jedoch klar, daß das authentische schwarze Kleid mit den Crèpe-Umschlägen an Ärmeln und Halsausschnitt sowohl historisch korrekt als auch für diese Puppe angemessen war. Die empfindlichen Arme und Beine sind aus Wachs gegossen, und die Glieder sind mit Ösen am Stoffkörper befestigt. Unter dem Kleid trägt Amy ein Leinenhemdchen, Kambrik-Hosen und einen Unterrock, der mit schwerer, handgeklöppelter Spitze abgesetzt ist. Die Füße sind bis zu den winzigen Zehennägeln wunderschön ausgeformt. Das blasse Gesicht, der zart gefärbte Mund und die tiefen Augen mit den dunklen Wimpern vermitteln den Eindruck von Traurigkeit, wie es einer Puppe in Trauerkleidung zukommt.

MONTANARI-PUPPE

DATIERUNG: ca. 1880; HERKUNFT: England; PUPPENMACHER: Montanari; GRÖSSE: 71 cm

Ein schönes Beispiel für die Arbeiten der Familie Montanari, die ab ca. 1851 in London tätig war. Die unteren Gliedmaßen sind mit Ösen an dem weichen Körper befestigt. Die Augen sind feststehend und das Haar eingesetzt. Ungewöhnlich sind die Zähne bei einer Puppe dieser Art. Die kleinen Speckfältchen an Hals und Handgelenken sind entzückende Kennzeichen der Kindheit; das beeindruckend ausdrucksstarke Gesicht läßt vermuten, daß ein richtiges Kind für diese Puppe Pate gestanden hat. Sie trägt ihre Originalkleidung komplett mit spitzenbesetzten Unterhosen, Flanellunterrock und all dem anderen Zubehör viktorianischer Unterwäsche.

PIEROTTI-PUPPE

DATIERUNG: ca. 1865; HERKUNFT: England; PUPPENMACHER: Pierotti; GRÖSSE: 30 cm

Diese Puppe wird Pierotti zugeschrieben und zeigt eine gewisse Ähnlichkeit mit der unten vorgestellten. Die Gesichtsfarbe ist mit den Jahren verblaßt; aber die Wachsbeine und -füße, die immer bedeckt waren, sind in tadellosem Rosa erhalten. Wimpern und Augenbrauen sind eingesetzt; die Puppe hat blaue Augen und blondes Haar. Auf dem Körper befindet sich ein Stempelaufdruck: »Hamley's Regent Street Doll Emporium«. Vollständige ist die Garderobe einschließlich Flanellunterrock und kunstvoll mit Rüschen und Spitzen besetztem Häubchen.
Nur wenige Pierotti-Puppen sind markiert. Gelegentlich wurde der Familienname am Hinterkopf eingeritzt.

PIEROTTI-PUPPE

DATIERUNG: ca. 1885; HERKUNFT: England; PUPPENMACHER: Pierotti; GRÖSSE: 51 cm

Der Kopf dieser gegossenen Wachsbabypuppe aus dem späten 19. Jahrhundert ist leicht zur Seite gedreht; seine delikaten Züge sind typisch für die Arbeiten der Familie Pierotti. Ab etwa 1789 stellte sie in London Komposition- und Papiermaché-Puppen sowie sehr fein gearbeitete Wachspuppen her. Augenbrauen, Wimpern und Kopfhaar sind eingesetzt. Der Körper mit den gekrümmten Beinchen ist aus Stoff genäht und ausgestopft, die Beinchen selbst sind aus Wachs. Die Puppe trägt eine mit Zierfalten und Spitze geschmückte Pelerine und ein rüschenbesetztes Häubchen.
Im 19. Jahrhundert wurden Babypuppen allmählich häufiger; in Massenproduktion gingen sie jedoch erst zu Anfang des 20. Jahrhundert. Bis dahin stellten Puppen Erwachsene en miniature dar.

SCHREIENDE BABYPUPPE

DATIERUNG: ca. 1870; HERKUNFT: England; PUPPENMACHER: John Edwards; GRÖSSE: 49,5 cm

John Edwards (1831–1907) arbeitete ab 1868 in London. Die Vielfalt seiner Puppen reicht von Stücken höchster Qualität bis zu kleinen Püppchen, die schnell produziert und billig verkauft werden konnten. Er fertigte Puppen für Queen Victoria an und beteiligte sich an der Londoner Ausstellung von 1871. Die hier abgebildete Puppe gehört zu den seltenen schreienden Babypuppen mit leicht gerötetem Gesicht und weit geöffnetem Mund. Die wimperngesäumten Augen sind geschlossen. Die Puppe hat echtes blondes Haar, einen Stoffkörper und Beine aus Wachs. Sie trägt ein Taufkleid mit Spitzenfront und Zierfalten und ein Seidenhäubchen.

MARSHALL & SNELGROVE-PUPPE

DATIERUNG: ca. 1875; HERKUNFT: Deutschland; PUPPENMACHER: Cuno & Otto Dressel; MARKIERUNGEN: Holzmasse; GRÖSSE: 61 cm

Dieses schöne Stück wurde von seiner früheren Besitzerin die »Marshall & Snelgrove Puppe« genannt, da sie in der Originalschachtel ankam, auf der der Name des Londoner Geschäfts und der Zusatz »Modellwachspuppe – Kind« vermerkt waren. Die Puppe trägt auch noch ihre Originalkleidung – ein Batistkleid mit Biesen, eine Chemise, drei Unterröcke und ein Paar »Unaussprechliche« (im Schritt offene lange Unterhosen). Die Firma Cuno & Otto Dressel aus Sonneberg gehört zu den frühesten Puppenmachern, von denen Unterlagen erhalten sind. Die bekannteste Marke des Unternehmens, »Holzmasse«, auf dem Oberschenkel dieser Puppe vermerkt, wurde 1875 eingetragen.

PRINZESSIN LOUISE

DATIERUNG: 70er Jahre 19. Jahrh.; HERKUNFT: England; PUPPENMACHER: evtl. Meech; GRÖSSE: 56 cm

1963 kaufte Vivien Greene einen ganzen Schrankkoffer voll Kleider, Briefe, Spielsachen und anderen Dingen aus Marlborough House. Darunter befand sich auch dieses Wachspuppenportrait von Prinzessin Louise, der Enkelin von Queen Victoria, als Kind. Die Puppe ist blaß; Kopf und Glieder sind aus Wachs, der Körper wurde aus Nessel gefertigt. Unter dem weißen Kleid trägt sie ein Baumwollunterhemd, spitzenbesetzte Unterhosen und einen spitzengesäumten Halbunterrock. Aus welcher Werkstatt sie stammt, ist nicht bekannt. Der leicht schmollende Ausdruck erinnert aber an die Puppen von Meech (siehe unten).

MEECH-PUPPEN

DATIERUNG: ca. 1880; HERKUNFT: England; PUPPENMACHER: Meech; GRÖSSE: 66 cm

Diese beiden Puppen wurden von der Familie Meech hergestellt. Herbert John Meech war als Puppenmacher von 1865 bis 1891 Hoflieferant der königlichen Familie. Der Betrieb stellte Komposition- und Wachspuppen her. Das Warenzeichen der Familie ist auf den Schenkel der Puppe mit dem roten Samtkäppchen gestempelt. Beide Puppen haben weiches, braunes Echthaar, das in die Wachskrone eingesetzt ist, und sie teilen die etwas finstere Miene, die für Meech-Puppen typisch ist. Man geht davon aus, daß diese Puppen nach einer von Herbert Meechs eigenen Töchtern modelliert wurden.
Meech begann seine Laufbahn mit etwa 16 Jahren in Madame Tussauds Wachswerkstatt. Schon mit 19 Jahren gründete er 1852 in Kennington im Südosten Londons sein eigenes Unternehmen.

CHARLES-MARSH-PUPPE

DATIERUNG: ca. 1880; HERKUNFT: England; PUPPENMACHER: Charles Marsh; GRÖSSE: 48 cm

Die Charles-Marsh-Puppe ist als Braut ausgestattet. Kopf und Hände bestehen aus Wachs, der üppige Körper jedoch aus Stoff. Haare und Augenbrauen sind in traditioneller Technik in den gegossenen Wachskopf eingelassen. Die feststehenden Augen sind blau. Der Körper trägt den Stempel des Herstellers und hat ein königliches Gütesiegel aufgedruckt.
Die Braut war ein beliebtes Sujet der Wachspuppenmacher, vermutlich weil sie Gelegenheit für prächtige Garderoben mit Rüschen und Faltenbesatz bot. Man geht davon aus, daß die Ausstattung der frühen Marsh-Puppen von Mitgliedern der Puppenmacher-Familie hergestellt wurde; von ihnen ist jedoch kaum etwas bekannt. Der Puppenmacher selbst stellte zwischen 1878 und 1894 Puppen aus gegossenem Wachs und Papiermaché her. Gelegentlich erscheint auf dem Herstellerstempel auch der Name C. Gooch – wahrscheinlich Marshs Hauptabnehmer und -vertreiber. Marsh-Puppen haben einen charakteristischen Hals und eine aufrechte Kopfhaltung; Ohren und Hände sind liebevoll ausgearbeitet.

LILLIE LANGTRY

DATIERUNG: ca. 1900; HERKUNFT: England; PUPPENMACHER: nicht bekannt; GRÖSSE: 46 cm

Der Schöpfer dieses entzückenden Gußwachsportraits von Lillie Langtry (1853–1929), der berühmten Schauspielerin und Maitresse Edwards VII., ist unbekannt. Lillie Langtry verschenkte die Puppe als Erinnerungsstück, und schließlich wurde sie an das Lilliput Museum weitergegeben.
Mit ihren blauen Augen und dem makellosen Teint wird die Puppe zweifellos der gefeierten Schönheit »Jersey Lily« gerecht. Dennoch muß sie eine eher idealisierende Darstellung sein, denn sie hat nur wenig Ähnlichkeit mit dem Portrait der Lillie Langtry im Jersey Museum, das von Sir John Millais gemalt wurde. Die Kleidung der Puppe entspricht dem Edwardianischen Stil der siebziger Jahre des letzten Jahrhunderts und ist recht schlicht. Sie trägt ein Samtcape mit Pelzbesatz über einem spitzenverzierten weißen Kleid. Der Hut ist mit den Resten einer Straußenfeder geschmückt.

LORD ROBERTS

DATIERUNG: 1901; HERKUNFT: England; PUPPENMACHER: Charles Pierotti; GRÖSSE: 46 cm

Wachspuppenportraits berühmter Persönlichkeiten waren in der viktorianischen Zeit genauso beliebt wie solche der königlichen Familie. Lord Roberts oder »Bobs« war während des Burenkriegs Kommandeur der britischen Armee, und so fertigte Charles Pierotti dieses wirklichkeitsgetreue Modell des Nationalhelden an. Es ist das Portrait eines hochdekorierten Soldaten auf dem Höhepunkt seiner Karriere. Kopf, Arme und Beine der Puppe sind aus gegossenem Wachs, der Körper besteht aus gefülltem Stoff. Die Puppe hat Glasaugen, und das recht schüttere Echthaar, die Augenbrauen und der prachtvolle Schnauzbart sind eingesetzt.

PUPPE MIT GIESSKANNE

DATIERUNG: 70er Jahre 20. Jahrh.; HERKUNFT: England; PUPPENMACHER: Margaret Glover; GRÖSSE: 46 cm

Margaret Glover ist eine sehr bekannte Puppenkünstlerin aus London, die diese Puppe nach einem Bild des Impressionisten Renoir anfertigte. Bild und Puppe befinden sich inzwischen beide in den USA. Die Puppe ist in traditioneller Gußwachstechnik hergestellt, wobei Haare und Wimpern eingesetzt sind. Bei den Gliedern wurde Wachs auf Stoff aufgelegt. Sie trägt ein Samtkleid mit alter Spitze und alten Knöpfen. Die Lederstiefeletten sind von Margaret Glover handgefertigt. Tatsächlich entsteht in der Werkstatt dieser Künstlerin alles in Eigenleistung: von der Wachsgußform über das Einsetzen der Haare bis zur Puppenkleidung. So hat Margaret Glover die kleine Gießkanne aus einer leeren Lötpastentube angefertigt, da sie kein passwendes Exemplar kaufen konnte.

PRINZESSIN KAROLINE

DATIERUNG: ca. 1790; HERKUNFT: England; PUPPENMACHER: nicht bekannt; GRÖSSE: 66 cm

Diese Tauchwachspuppe aus Kompositionsmasse ist in bemerkenswert gutem Zustand. Karoline von Braunschweig (1768–1821) war die Gemahlin des englischen Prinzregenten und späteren Königs Georg IV. Das Kleid der Puppe wurde aus einem Stoffrest des Brautkleids genäht.
Es handelt sich um eine Schlitzkopf-Puppe, d. h. in den Scheitelpunkt des Tauchwachskopfs aus Komposition wurde ein Schlitz geschnitten, in den das gesamte Haar so eingesetzt wurde, daß es auf beiden Seiten des Gesichts herabfällt.

SCHLITZKOPF-PUPPE

DATIERUNG: ca. 1840; HERKUNFT: England; PUPPENMACHER: nicht bekannt; GRÖSSE: 66 cm

Wachs ist ein teueres Material, und als man Mitte des 19. Jahrhunderts begann, Puppen als Massenware zu produzieren, mußten kostensenkende Lösungen gefunden werden. Als eine der besten Möglichkeiten bot sich an, ein billigeres Material wie z. B. Papiermaché oder Komposition in geschmolzenes Wachs zu tauchen. So wurde das Kernmaterial lediglich mit einer dünnen Schicht des teuren Wachses überzogen. Diese recht pausbäckige Tauchwachspuppe aus Kompositionsmasse zeigt die verräterischen Ringellöckchen der Schlitzkopf-Puppen und auch den zufriedenen, nahezu selbstgefälligen Ausruck, der häufig ein Charakteristikum dieser Puppen ist.
Die Puppe trägt ein spitzenbesetztes Kleid über einem kompletten Satz Unterwäsche und eine Strohhaube. Sieben weitere Komplettausstattungen gehören zu Aussteuer dieser Puppe.

PUMPKIN-HEAD- und BONNET-HEAD-PUPPEN

DATIERUNG: Mitte 19. Jahrh.; HERKUNFT: Deutschland; PUPPENMACHER: nicht bekannt; GRÖSSE: linke Puppe 46 cm; rechte Puppe 30 cm

Die auch »Kürbisköpfchen« und »Bonnet-Heads« genannten Puppen haben zwar beide einen wachsüberzogenen Kompositionkopf, sind aber Puppen völlig verschiedener Machart. Der Puppentyp links ist als Pumpkin-Head bekannt und zeichnet sich durch ein breites Gesicht und einen relativ flachen Kopf aus. Seine typische Form ergab sich durch die ziemlich flache Gußform, in der der Kopf hergestellt wurde. Die Puppe trägt ein Band im modellierten blonden Haar und hat dunkle Augen ohne Pupillen, wie sie in den Sechzigerjahren des letzten Jahrhunderts beliebt waren. Die Puppe trägt ein mit Biesen abgenähtes Flanellkleid über drei Unterröcken und einem Paar »Unaussprechlichen«.
Die rechte Puppe wird als Bonnet-Head bezeichnet, was bedeutet, daß Hut und Haare zusammen mit dem Kopf modelliert wurden. Die Puppe trägt ihr Originalkleid und darunter zwei Unterröcke.

PUPPE MIT STROHGEWAND

DATIERUNG: ca. 1880; HERKUNFT: nicht bekannt; PUPPENMACHER: nicht bekannt; GRÖSSE: 23 cm

Dies ist eine ungewöhnliche Puppe mit Komposition/Tauchwachskopf, schwarzen Glasaugen und recht simpel gestalteten Armen aus Komposition. Anhand des Stils ihrer Kleidung wird die Puppe auf etwa 1880 datiert. Sie trägt ein elegant geschnittenes Cape und Kleid aus geflochtenem Stroh und einen Strohhut. Dieses Exponat und verschiedene ähnliche Puppen sind im Wardown Park Museum in Luton, England, zu sehen, einer Stadt, die im 18. und 19. Jahrhundert das Zentrum der englischen Strohhutfabrikation war. Ursprung und Herkunft dieser Puppen sind gleichermaßen mysteriös, denn sie tragen keine Kennzeichnung.

BONNET-HEAD-PUPPE

DATIERUNG: ca. 1840–60; HERKUNFT: wahrscheinlich Deutschland; PUPPENMACHER: nicht bekannt; GRÖSSE: 38 cm

Dies ist ein Paradebeispiel für eine Bonnet-Head-Puppe, bei der der Hut komplett mit Zierfeder zusammen mit dem Kopf modelliert wurde. Der Kopf besteht aus wachsüberzogenem Papiermaché.
Die Bonnet-Heads gibt es mit den verschiedensten Hüten, einige haben zum Beispiel drei Federn, andere eine große einzelne Feder, manche sind als Dreispitz geformt, oder die Hüte haben eine hohe Krone. Manche Bonnet-Heads stellen auch Männer oder Knaben dar.

PUPPE DER PRINZESSIN VICTORIA

DATIERUNG: ca. 1845–50; HERKUNFT: England; PUPPENMACHER: nicht bekannt; GRÖSSE: 48 cm

Diese herrlich gekleidete Tauchwachspuppe mit Papiermachékopf soll der ältesten Tochter von Queen Victoria, der Prinzessin Victoria, gehört haben, die 1840 geboren wurde. Sie hat Schlafaugen, die durch einen im linken Handgelenk versteckten Draht bewegt werden. Nicht nur das Kleid aus changierender Seide, auch die Puppe selbst wurde sehr sorgfältig gefertigt. Selbst die Finger und die Zehennägel sind aus den Wachshänden und -füßen deutlich herausgearbeitet. Das Haar ist echt und wurde zu hübschen Ringellocken frisiert, die auf einer Unterlage am Oberkopf befestigt sind.

BRUSTKOPFPUPPE

DATIERUNG: Mitte 19. Jahrh.; HERKUNFT: nicht bekannt; PUPPENMACHER: nicht bekannt; GRÖSSE: nicht bekannt

Dies ist eine Brustkopfpuppe aus wachsüberzogenem Papiermaché; ihr Stoffkörper ist mit Roßhaar gestopft, und sie hat Arme aus kastanienbraunem Leder, deren Hände mit Fingern und Daumen gearbeitet sind. Die Mohairlöckchen sind an den Kopf geklebt. Die Puppe trägt ihre Originalausstattung: lange Pantalons, ein Baumwollkleid, das mit blauer Seide abgesetzt und mit Spitzenborten verziert ist, und einen Seidenhut. Die Krakelierung des Gesichts ist bei Puppen dieses Typs häufig zu sehen.
Zwar sind diese Puppen, die auch als »Georgian Wax-Overs« bekannt sind, manchmal etwas roh geformt und haben recht flache Gesichter und wenig ebenmäßige Köpfe (möglicherweise durch Nachlässigkeit beim Pressen), dennoch sind ihre Gesichtszüge mit dem sanften Lächeln nicht ohne Charme.

DEUTSCHE BRUSTKOPFPUPPE

DATIERUNG: 1850–55; HERKUNFT: Deutschland; PUPPENMACHER: nicht bekannt; GRÖSSE: 38 cm

Diese wohlgestaltete Tauchwachspuppe aus Papiermaché trägt ein weißes Baumwollkleid, das mit Schottenkaro-Bordüren abgesetzt und mit Pompons verziert ist. Das Gesicht ist fein modelliert und mit rosafarbenen Wangen zart bemalt. Das braune Haar ist in das Wachs eingelassen, die braunen Augen sind aus Glas.
Auf der Abbildung läßt sich leicht erkennen, wo die Brustplatte endet und an den Stoffkörper mit den Holzarmen anschließt.

ENGLISCHE SCHLITZ-KOPFPUPPE

DATIERUNG: Mitte 19. Jahrh.; HERKUNFT: England; PUPPENMACHER: nicht bekannt; GRÖSSE: 48 cm

Wie die auf Seite 34 gezeigten Puppen weist auch diese die charakteristischen Ringellöckchen der Schlitzkopfpuppe auf. Auch dies ist eine Tauchwachspuppe aus Papiermaché, das durch Ausdehnen und Schrumpfen zur Krakelierung der Wachsschicht geführt hat. In der ersten Hälfte des 19. Jahrhunderts wurden viele Puppen dieser Art hergestellt. Da nur Kopf und Brustplatte in Wachs getaucht wurden, der Balg aber aus Stoff gefertigt und die Unterarme oft mit »Lederhandschuhen« bekleidet waren, konnten sie billig produziert werden. Die teurere Version hatte auch in Wachs getauchte Glieder, die aus Komposition bestanden.

FRANZÖSISCHE TAUCHWACHSPUPPE AUS PAPIERMACHÉ

DATIERUNG: ca. 1870; HERKUNFT: Frankreich; PUPPENMACHER: nicht bekannt; GRÖSSE: 73,5 cm

Diese große Tauchwachspuppe aus Papiermaché ist von höherer Qualität als ihr oben vorgestelltes englisches Pendant. Die feststehenden blauen Augen zeigen Pupillen, das Gesicht lächelt nicht. Beides weist auf ein späteres Entstehungsdatum als das der englischen Puppe hin. Überdies sind bei diesem Modell auch die Papiermaché-Arme in Wachs getaucht, schön geformt, und die Hände sind durchmodelliert. Die Beine bestehen aus demselben Material und enden in hübschen roten Stiefelchen. Die Puppe trägt ihr Originalkleid.

BRAUT

DATIERUNG: ca. 1880; HERKUNFT: vermutlich England; PUPPENMACHER: nicht bekannt; GRÖSSE: 58,5 cm

Der Körper dieser Tauchwachspuppe aus Papiermaché ist mit Stroh gestopft. Ihre relativ kurzen Arme und die Beine sind aus Komposition. Die Mohairperücke ist auf eine Kopfplatte aus Pappe geklebt. Brautkleid, Unterwäsche, Schuhe und Strümpfe sind die Originalausstattung der Puppe. Das Kleid wurde aus hauchdünnem Moiré-Taft genäht und ist mit Spitze verziert. Im Kopfschmuck und im Brautstrauß stecken winzige Wachsblumen.

BARTENSTEIN-PUPPE

DATIERUNG: ca. 1880; HERKUNFT: Deutschland; PUPPENMACHER: Fritz Bartenstein; GRÖSSE: 51 cm

Besonders bekannt wurde Fritz Bartenstein (1839–1913) wohl durch seine Zweigesichter-Puppen. Er schuf jedoch auch weniger ungewöhnliche Wachspuppen, und diese exquisite Tauchwachspuppe mit Papiermaché-Brustkopf ist vermutlich eine davon. Ihre Finger sind gut herausgearbeitet, und sie hat ein hübsches, blasses Gesicht. In ihrem geöffneten Mund werden zwei Zähnchen sichtbar.

ENGLISCHE PAPIERMACHÉ-PUPPE

DATIERUNG: ca. 1810; HERKUNFT: England; PUPPEN-MACHER: nicht bekannt; GRÖSSE: 27 cm

Diese Papiermaché-Puppe aus der Regency-Zeit hat schwarzes, anmodelliertes Haar, einen Lederkörper und Arme aus Holz. Die Puppe trägt ihr Originalkleid, das aufwendig gearbeitet ist.

Papiermaché-Puppen mit dieser Frisur werden gelegentlich auch »Queen-Adelaide-Puppen« genannt nach der Gemahlin König Williams IV., der von 1830 bis 1837 regierte. Zwischen 1810 und 1852 stellte F. G. Volkmar aus Ilmenau viele Papiermaché-Puppenköpfe des frühen Typs her, deren Haartracht in kunstvollen Schwüngen und Knoten modelliert und schwarz bemalt ist. Sammler bezeichnen diese Köpfe oft als »Modistinnenmodelle«. Man findet sie häufig auch einzeln, und sie sind eine Bereicherung für jede Sammlung.

ENGLISCHE PAPIERMACHÉ-PUPPE

DATIERUNG: ca. 1825; HERKUNFT: England; PUPPEN-MACHER: nicht bekannt; GRÖSSE: 33 cm

Diese prächtig gekleidete, edle Papiermaché-Puppe wurde wahrscheinlich von einer richtigen Schneiderin ausstaffiert. Das Mieder ist üppig mit Perlen besetzt, und der Hut ist entsprechend dem Stil der Zeit aufs kostbarste mit Bändern und Spitze geschmückt. Hier könnte es sich tatsächlich um eine Modellpuppe handeln, die wohlhabenden Kunden zugesandt wurde, um die Fähigkeiten der Meisterin zu demonstrieren. Die Puppe hat geformtes Haar und ein zart gemaltes Gesicht. Auch die Augen sind aufgemalt. Die Arme bestehen aus Holz.

DEUTSCHE PAPIERMACHÉ-PUPPE

DATIERUNG: ca. 1830; HERKUNFT: Deutschland; PUPPENMACHER: nicht bekannt; GRÖSSE: 50 cm

Kopf und Schultern dieser schönen Puppe bestehen aus Papiermaché. Der Körper ist aus Leder und wurde mit Kleie gestopft. Das Echthaar ist zu einer kunstvollen Frisur geflochten. Die feststehenden Augen sind aus Glas. Die Puppe trägt ihr Originalkleid. Bei Papiermaché – wörtlich »gekautes Papier« – handelt es sich um Papier, das mit Wasser zu einem Brei gekocht wird. Nach Auspressen des Wassers bleibt eine Masse, die sich in Form pressen läßt. Oft werden noch Weizenmehl, Sand, Ton, Schlämmkreide oder Kalk zugesetzt und das Ganze mit Leim oder Stärke gebunden. Papiermaché-Puppen waren in der Herstellung trotz des billigen Materials teurer als entsprechende Holzpuppen. Doch selbst als Biskuitkopfpuppen zunehmend beliebter wurden, fertigte man die Gliedmaßen immer noch aus Papiermaché.

GENERAL-VALLÉE-PUPPE

DATIERUNG: ca. 1837; HERKUNFT: Frankreich; PUPPENMACHER: nicht bekannt; GRÖSSE: 48,5 cm

Diese elegante Puppe gehörte der Frau des ersten französischen Generalgouverneurs von Algerien, General Vallée. Der Kopf ist aus Papiermaché, der Körper aus Leder. Die Glasaugen sind feststehend. Das Kleid aus Musselin (zartes Gewebe aus Rayon oder Seide) hat Keulenärmel und entspricht der typischen leichten Tropenkleidung, die Anfang des letzten Jahrhunderts von Europäerinnen in Algerien getragen wurde.

GREINER-PUPPE

DATIERUNG: ca. 1845; HERKUNFT: USA; PUPPENMACHER: Ludwig Greiner; GRÖSSE: 61 cm

Ludwig Greiner, ein nach Amerika ausgewanderter Deutscher, gründete um 1840 in Philadelphia einen Betrieb zur Herstellung von Papiermaché-Puppenköpfen. Die Puppenkörper wurden häufig in Heimarbeit oder von ortsansässigen Firmen, in erster Linie von Jacob Lacmann, gefertigt. Daher finden sich Greiners Papiermaché-Köpfe mit den unterschiedlichsten Körpern kombiniert. Greiner verkaufte seine Puppen ausschließlich in den USA und exportierte nicht nach Europa. Einige Köpfe aus seiner Werkstatt sind mit dem Etikett: Greiner's Improved Patent Heads/Pat. March 30th '58 versehen. Die hier abgebildete Puppe ist relativ groß, hat geformtes Haar, gemalte Augen, Lederarme und Stoffbeine.

GREINER-PUPPE

DATIERUNG: ca. 1850; HERKUNFT: USA; PUPPENMACHER: Ludwig Greiner; GRÖSSE: 29 cm

Frühe Greiner-Puppen tragen meist schwarzes Haar mit Mittelscheitel wie auch die deutschen Biskuitkopfpuppen dieser Zeit. Später kamen Köpfe mit anderen Frisuren dazu. Die Gesichter sind, wie auch in diesem Fall, oft leicht pausbäckig und matronenhaft. Einige Puppen haben Glasaugen; hier sind die blauen Augen aufgemalt. Greiner verwendete einen guten Decklack, so daß die Köpfe besser erhalten sind als die vieler anderer Papiermaché-Puppen. Die Puppe hat einen Stoffkörper, Lederarme und auf dem Schultern ein 58er Patentschild. Das Kleid gehört zwar nicht zur Originalausstattung, ist aber aus altem Stoff gefertigt.

ARMAND-MARSEILLE-PUPPE

DATIERUNG: ca. 1880; HERKUNFT: Deutschland; PUPPENMACHER: Armand Marseille; GRÖSSE: 40 cm

Den Namen Armand Marseille verbindet man eher mit den hervorragenden Biskuitkopfpuppen, die in seinen Betrieben in Köppelsdorf und Neuhaus entstanden. Dieses Sitzbaby ist allerdings aus Komposition, und bei Armand Marseille wurden bis 1937 Puppenköpfe in einer unzerbrechlichen Kompositionsmasse, dem sogenannten Marsit, gegossen oder in Komposition gepreßt.
Diese Puppe hat dunkelblaue Schlafaugen; sie trägt ein weißes Taufkleidchen mit Zierfalten und ein pelzbesetztes Häubchen.

»FAIRY«

DATIERUNG: ca. 1911; HERKUNFT: USA; PUPPENMACHER: E. I. Horsman & Co.; GRÖSSE: 33 cm

Edward I. Horsman, ein Spielzeughändler in den USA, importierte zunächst ab den Siebzigerjahren des letzten Jahrhunderts Spielzeug aus Europa und stellte ab 1900 in seinem New Yorker Betrieb auch selbst Spielzeug und Puppen her. Fairy, eine Puppe, die von Helen Trowbridge entworfen worden war, wurde 1911 eingetragen. Sie stellt die Figur dar, mit der die Firma N. K. Fairbanks für ihre »Little Fairy« Seife warb.
1909 hatte Horsman sich die Rechte für die Herstellung der »Can't break them«-Komposition-Puppenköpfe der Firma Aetna gesichert, deren Beschreibung lautete: »Lebensecht von einer amerikanischen Bildhauerin modelliert und als Originalmodelle entsprechend durch Copyright geschützt.« Die Inhaltsstoffe und Herstellung der Kompositionsmasse waren streng gehütete Geheimnisse.

»BUBBLES«

DATIERUNG: ca. 1925; HERKUNFT: USA; PUPPENMACHER: EFFanBEE; GRÖSSE: 36 cm

Bernard E. Fleischaker und Hugo Braun gründeten in New York die Firma Fleischaker & Braun. Sie meldeten 1913 die Bezeichnung »EFFanBEE« als ihren Markennamen an, unter dem sie bekannter wurden als unter dem Firmennamen. Sie stellten eine Vielfalt verschiedener Puppen her, darunter auch ein Sortiment »unzerbrechlicher« Komposition-Puppen (vgl. Seite 71).
Bubbles, eine Puppe, die vollständig aus Kompositionsmasse besteht, wurde 1925 eingetragen. Sie trägt ihre Originalkleidung mit Häubchen und Babyschühchen. Dieser Puppentyp konnte schreien, hat einen offenen Mund, bei dem zwei Zähnchen zu sehen sind, einen langen Körper und ausgeprägte Grübchen.

ROSI

DATIERUNG: 30er Jahre 20. Jahrh.; HERKUNFT: Deutschland; PUPPENMACHER: nicht bekannt; MARKIERUNGEN: »Rosi« auf dem Nacken; GRÖSSE: 43 cm

Diese bezaubernde Komposition-Puppe, die ihre Originalkleidung aus den dreißiger Jahren und die üppige Originalperücke trägt, wurde in Deutschland hergestellt. Sie ist an Hals, Schultern, Ellbogen, Handgelenken und Hüften beweglich. Im Nacken ist der Name »Rosi« eingeritzt.
Nach Jürgen und Marianne Cieslik wurde der Markenname Rosi von Kämmer & Reinhardt 1929 verwendet. In einer Anzeige für eine Puppenserie mit Schlafaugen war zu lesen: »Unzerbrechliche rosige ›Panta‹-Köpfe, ›Rosi‹-Köpfe, zerbrechlich wie Porzellan, ›Roli‹-Celluloidköpfe.« Die hier gezeigte Puppe könnte ohne Zweifel zum Sortiment dieses berühmten Unternehmens gehört haben.

»SHIRLEY TEMPLE«

DATIERUNG: ca. 1934–39; HERKUNFT: USA; PUPPENMACHER: Ideal Novelty & Toy Co.; MARKIERUNGEN: 13 Shirley Temple; GRÖSSE: 33 cm

Den Kinderstar der dreißiger Jahre muß es in Dutzenden Variationen als Puppenmodell gegeben haben. Diese Version von Ideal Novelty & Toy Co. in Brooklyn, New York – mit Originalkleidung und -haaren – gleicht ihrem Vorbild nicht wie manch andere Nachbildung, und der charakteristische Lockenschopf des Stars scheint sich im Laufe der Jahre geglättet zu haben. Ideal ließ das Muster, das zu einem der größten Erfolge des Unternehmens wurde, in den Dreißigerjahren eintragen.

NACHKRIEGSPUPPEN

DATIERUNG: 50er Jahre 20. Jahrh.; HERKUNFT: England; GRÖSSE: 30–43 cm

Die große Puppe mit dem krakelierten Gesicht ist ein Komposition-Sitzbaby mit Schlafaugen der britischen Firma Pedigree. Die Puppen links und vorne in der Mitte sind »halslose« Puppen mit gekrümmten Gliedmaßen, die bei der linken Puppe aus Stoff bestehen. Bei ihr ist am seitlichen Kopf die Formnaht zu erkennen, die beim Gießen der Puppe entstand. Die Puppe rechts mit den blonden Zöpfen ist aus Stoff.

PARIAN-BRUSTKOPFPUPPE

DATIERUNG: ca. 1850; HERKUNFT: Deutschland; PUPPENMACHER: nicht bekannt; GRÖSSE: 42 cm

Der Begriff »Parian« wird auf die griechische Insel Paros zurückgeführt, die für ihren weißen Marmor berühmt ist. Das feine weiße Biskuitporzellan, das als Parian bekannt ist, wurde für Ornamente und Statuen verwendet und von etwa 1850 bis 1880 auch für Puppenköpfe. Pariankopf-Puppen werden generell Deutschland zugeordnet. Meist haben sie blonde Haare, deren zartes Gelb sich gut gegen das weiße Biskuitporzellan abhebt. Dieses exquisite Exemplar trägt eine kunstvoll modellierte Frisur mit Haarband, ein modelliertes Band um den Hals und sogar ein an die Brustplatte modelliertes Mieder. Bei vielen dieser Puppen ist ein Teil der Garderobe Bestandteil der Porzellanform, da der Parian-Biskuit fein genug ist, auch zarte Details der Gußform aufzunehmen. Die Ohren sind mit Ohrringen geschmückt. Die blauen Augen sind aufgemalt.

ROSEN-PUPPE

DATIERUNG: ca. 1850; HERKUNFT: Deutschland; PUPPENMACHER: nicht bekannt; GRÖSSE: 28 cm

Bei dieser hübschen Parianpuppe sind Blumen und eine Halskette im Lüsterglanz mit modelliert. Die unteren Glieder sind ebenfalls aus weißem Parian-Biskuit. Die Puppe trägt ein weißes Kleid mit aufgestickten Rosenranken. Auch das helle Haar ist modelliert. Auch wenn sich Parian- und Porzellanpuppen in gewisser Weise gleichen und man davon ausgeht, daß dieselben Formen oft für beide Materialien benutzt wurden, so sind die Parianpuppen in der Regel doch wesentlich kostbarer geschmückt.

PRINZESSIN AUGUSTE VIKTORIA

DATIERUNG: ca. 1870; HERKUNFT: Deutschland; PUPPENMACHER: nicht bekannt; GRÖSSE: 30 cm

Diese seltene und wunderschöne unglasierte Parian-Brustkopfpuppe ist als Prinzessin Auguste Viktoria bekannt. Im kunstvoll frisierten Haar, das modelliert ist, trägt sie eine Art Perlendiadem. Ihre Ohren sind durchstochen. An die Brustplatte ist ein Rüschenkragen und eine Halskette mit Kreuzanhänger modelliert. Die feine Qualität der Gesichtsbemalung ist ein Merkmal der meisten Parianpuppen. Die Augen dieser Puppe sind im üblichen Blau aufgemalt. Gelegentlich finden sich jedoch auch Puppen mit braunen Augen, einige wenige haben Augen aus Glas.

GRÄFIN DAGMAR

DATIERUNG: ca. 1870; HERKUNFT: Deutschland; PUPPENMACHER: nicht bekannt; GRÖSSE: 43 cm

Das Haar dieser Puppe ist fein modelliert und mit vielen Locken herausgearbeitet. Auch die hochgeschlossene Bluse und die Knopfreihe zeigen, mit wieviel Liebe zum Detail die Form hergestellt wurde. Die blauen, aufgemalten Augen sind durch rote Punkte in den Innenwinkeln und einen roten Lidstrich betont. Die Puppe hat einen Körper aus Stoff; Arme und Beine sind aus Biskuit. Sie trägt schwarze aufgemalte Stiefel mit roten Schnürbändern und, sehr ungewöhnlich, blaue gemalte Strumpfbänder. Das Kleid wird dieser herrlichen Puppe nicht gerecht. Es wurde wahrscheinlich aus Stoffresten gemacht.

PORZELLANKOPF MIT ROSAFARBENER LÜSTERGLASUR

DATIERUNG: ca. 1840; HERKUNFT: Deutschland; PUPPENMACHER: nicht bekannt; GRÖSSE: 15 cm

Dieser frühe rosaglasierte Porzellankopf hat rosa Wangen und gut ausgearbeitete dunkelbraune Ringellocken. Um einen rosigen Schimmer zu erzielen, wurde der Kopf nach der Bemalung rosafarben glasiert. Diese Technik wurde bis ins 20. Jahrhundert beibehalten.

Einige Sammler halten die Befestigungslöcher für einen Hinweis auf das Alter der Puppe, wonach Puppen mit drei Löchern älter sind als solche mit nur zwei Löchern. Dies ist jedoch kein zuverlässiger Anhaltspunkt, und da diese Köpfe keine Kenn zeichnung tragen, bleibt die Datierung meist Spekulation.

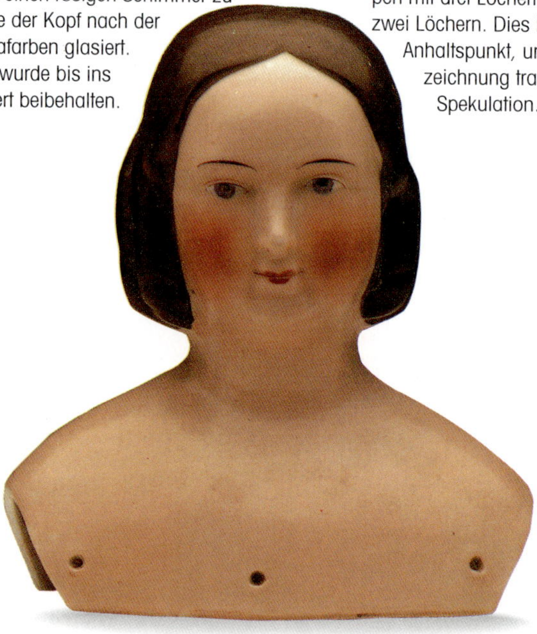

PORZELLANKÖPFE

DATIERUNG: linker Kopf ca. 1890; rechter Kopf ca. 1880; HERKUNFT: Deutschland PUPPENMACHER: nicht bekannt; GRÖSSE: 10 cm

Das schwarze Haar ist bei beiden Köpfen aufgemalt. Die Brustplatte des linken Kopfs hat zwei, der rechte Kopf drei Befestigungslöcher. Bei der linken Puppe ist das geformte Haar tief in die Stirn frisiert; die Augen sind mit einem roten Lidstrich nachgezogen.

PORZELLANKÖPFE

DATIERUNG: linker Kopf ca. 1890–1900; rechter Kopf ca. 1880; HERKUNFT: Deutschland; PUPPENMACHER: nicht bekannt; GRÖSSE: linker Kopf 15 cm; rechter Kopf 12 cm

Zum Ausgang des 19. Jahrhunderts wurden glasierte Porzellanköpfe mit tief in die Stirn frisierten blonden Haaren immer beliebter. Dabei variierte das aufgemalte Blond von Honigfarben bis Hellbraun. Gleichzeitig wurde das Gesicht mit seinen dicken Bäckchen und einem kurzen Hals immer kindlicher. Die Züge des linken Kopfs sind schön gemalt; ein roter Strich über den Oberlidern betont die Augen. Die Ohren der rechten Puppe wurden fast freigelassen. Dieser Puppentyp mit seinen kürzeren Haaren wurde oft für Puppen, die Knaben oder Männer darstellten, verwendet.

BONNET-HEAD

DATIERUNG: spätes 19. Jahrh. HERKUNFT: Deutschland; PUPPENMACHER: nicht bekannt; GRÖSSE: 6 cm

Diese modellierte Bonnet-Head-Puppe aus Porzellan hat blaue gemalte Augen und auch das Porzellan selbst hat einen bläulichen Schimmer. Der Rand des Sonnenhuts ist orange; er wird mit einer blauen Schleife unter dem Kinn gebunden und ist auch oben mit einer rosa Schleife geschmückt. Bonnet-Head-Puppen wurden von etwa 1860 bis 1930 hergestellt. Der hier abgebildete Typ wurde durch die Künstlerin und Buchillustratorin Kate Greenaway (1846–1901) berühmt.

DÄNISCHE PUPPE

DATIERUNG: 40er Jahre 19. Jahrh.; HERKUNFT: Dänemark; PUPPENMACHER: Royal Copenhagen; GRÖSSE: 34 cm

Diese herrliche Porzellankopfpuppe wurde in den vierziger Jahren des letzten Jahrhunderts von der Royal Copenhagen Manufactory hergestellt. Nur etwa 23 000 solcher Köpfe wurden produziert und mit drei Wellenlinien auf der Rückseite der Brustplatte markiert. Das schwarzbraune Haar ist im Nacken zu einem Knoten geschlungen.

MEISSENER PUPPE

DATIERUNG: 1840; HERKUNFT: Deutschland; PUPPENMACHER: KPM; MARKIERUNGEN: KPM unter dem Reichsapfel; GRÖSSE: 44 cm

Dieser Brustkopf aus glasiertem Porzellan hat dunkles modelliertes Haar, blau aufgemalte Augen und einen geschlossenen Mund. Die Bemalung des Gesichts ist bei dieser schönen Puppe besonders subtil. Beachten Sie die roten Punkte, die die Innenwinkel der Augen und die Innenseite der Nasenflügel andeuten. Die Unterarme sind aus Leder. Dieser frühe Typ der Porzellankopfpuppe stellt eine erwachsene Frau dar.

KAISERIN EUGÉNIE

DATIERUNG: ca. 1860; HERKUNFT: Deutschland; PUPPENMACHER: nicht bekannt; GRÖSSE: 41 cm

Diese glasierte Porzellanpuppe stammt aus dem ausgehenden 19. Jahrhundert und stellt die Kaiserin Eugénie von Frankreich (1826–1920) dar. Das Puppenmodell trägt ein spitzenverziertes Seidenkleid mit einer blauen, bestickten Schleppe. Sie trägt einen kompletten Satz Unterwäsche, zu dem je ein Kattununterrock mit und ohne Besatz, ein Unterrock aus Schleierstoff, Pantalons und eine vorne geknöpfte Chemise gehören.
Das Gesicht der Puppe ist aus weißem glasiertem Porzellan mit rosagetönten Wangen.

BADEPUPPEN

DATIERUNG: ca. 1890–1920; HERKUNFT: Deutschland; PUPPENMACHER: nicht bekannt; GRÖSSE: 1,5–46 cm

Durch die immer ausgeklügelteren Gußtechniken, die sich bis zum Ende des 19. Jahrhunderts entwickelt hatten, wurde es möglich, auch Porzellanpuppen mit Gliedmaßen zu produzieren, die als »frozen Charlottes« oder »Badepuppen« bekannt waren. Die meisten Puppen machen eine Faust und haben angewinkelte Arme. Gelenke haben sie nicht. Sie stellen überwiegend Mädchen dar und wurden in allen Größen von winzig bis relativ groß hergestellt. Das weiße oder rosafarben getönte Porzellan wurde glasiert. Haare und Gesichtszüge sind modelliert. Sehr selten sieht man sie mit anmodellierten Kleidern, etwas öfter mit anmodellierten Stiefeln. Die allerkleinsten wurden bisweilen als Überraschungspüppchen in Kuchen versteckt.

ROHMER-MODEPUPPE

DATIERUNG: 1857–70; HERKUNFT: Frankreich; PUPPENMACHER: Rohmer MARKIERUNGEN: Mme Rohmer Breveté SGDG Paris; GRÖSSE: 51 cm

Puppen von Rohmer sind unter Sammlern sehr begehrt. Mme Marie Antoinette Léontine Rohmer aus Paris fertigte und verkaufte Puppen von etwa 1858 bis 1880. Sie war Patentinhaberin für Gelenkpuppen und für Puppen, von deren Köpfen Zugschnüre abgingen, sowie für Bänder, die mit Ösen im Bauch befestigt waren, so daß die Puppen die Knie beugen konnten. Die Markenzeichen sind in Grün auf den Körper gestempelt. Die Puppe hat einen Kurbelkopf mit echten Haaren, die Unterarme bestehen aus glasiertem Porzellan; die Arme und Beine sind mit hölzernen Kugelgelenken ausgerüstet, die mit Leder überzogen sind.

GAULTIER-MODEPUPPE

DATIERUNG: ca. 1870; HERKUNFT: Frankreich; PUPPENMACHER: Gaultier; MARKIERUNGEN: F.G.4; GRÖSSE: 44 cm

Die Initialen F. G. deuten darauf hin, daß diese Puppe vermutlich das Werk von Fernand Gaultier ist. Sie hat einen Biskuit-Kurbelbrustkopf mit echtem Haar und einen Lederkörper mit gezwickelten Beingelenken.

Gaultier war zwischen 1860 und 1916 in Paris tätig. 1878 stellte sein Unternehmen Puppenköpfe bei der Pariser Weltausstellung aus und gewann eine Silbermedaille. Gaultier erhielt noch viele andere Auszeichnungen. Er lieferte Puppenköpfe an andere Puppenmacher, fertigte aber auch ganze Puppen selbst an. Seine Initialen finden sich auch auf Puppen von Gesland, der zur selben Zeit Puppen herstellte und für einige von Gaultier Köpfe bezog.

ROCHARD-MODEPUPPE

DATIERUNG: 1867–77; HERKUNFT: Frankreich; PUPPENMACHER: Rochard; MARKIERUNGEN: Ed. Rochard; GRÖSSE: 64 cm

Diese Rarität unter den Biskuitkopfpuppen mit Ziegenlederkörper, Holzarmen und einer blassen Gesichtsfarbe ist mit E. Rochard signiert. Ein Puppenmacher dieses Namens ist jedoch nirgends verzeichnet. Das Halsgeschmeide dieser Puppe liefert jedoch den Anhaltspunkt für ihre Datierung auf die Jahre 1867 bis 1877. Es besteht aus 22 sog. Stanhope-Linsen. In jede dieser konvexen kleinen Glashalbkugeln, die nach ihrem Erfinder, Charles III Earl of Stanhope benannt sind, ist eine winzige Fotografie eingelassen. Hier wurden die Stanhopes in die Brustplatte eingesetzt und festgeklebt. Um die Bilder zu betrachten, hält man die Puppe in einem Winkel vor die Augen, in dem das Licht durch einen Ausschnitt in der Rückenplatte von hinten auf die Linsen fällt. Durch den Linseneffekt der konvexen Gläser wird das Bild dann vergrößert. Die Fotografien zeigen touristische Motive aus Paris, Genf und Venedig; im Kreuzanhänger sind sechs religiöse Motive zu sehen. Edmond Rochard erhielt 1867 ein Patent für 15 Jahre auf die Stanhope-Linsen.

STEINER-BÉBÉ

DATIERUNG: 80er Jahre 19. Jahrh.; HERKUNFT: Frankreich; PUPPENMACHER: Steiner; 46 cm

Jules Nicholas Steiner gründete sein Unternehmen, die Société Steiner, 1855 in Paris und spezialisierte sich auf mechanische Bébés, die laufen und sprechen konnten. Steiner behauptete sogar, das Bébé (eine Puppe, die ein etwa achtjähriges Kind darstellt) erfunden zu haben. Wenn dieser Anspruch auch zweifelhaft ist, so ist doch gesichert, daß die Firma nicht nur zu den ersten gehörte, die diesen Puppentyp herstellte, sie stellte ihn auch in beträchtlichen Stückzahlen her. Steiners Gehpuppen, die 1890 patentiert wurden, mögen am längsten in Erinnerung geblieben sein. Sein Unternehmen fertigte jedoch auch einige wunderschöne Bébés mit offen-geschlossenem Mund, wie zum Beispiel diese hier. Die Puppe hat feststehende violette Augen, einen Gelenkkörper aus Komposition und durchstochene Ohren. Sie trägt ihre Originalperücke und -ausstattung.

BRU-MODEPUPPE

DATIERUNG: ca. 1880; HERKUNFT: Frankreich; PUPPENMACHER: Bru; MARKIERUNGEN: Kreis mit Punkt; GRÖSSE: 61 cm

Puppen von Bru Jne & Cie gehören zu den schönsten unter den französischen Puppen. Oft sind die Körper aus Ziegenleder an den Beingelenken gezwickelt, während die Unterarme und -beine aus Biskuitporzellan oder aus Holz bestehen. Die Kurbelköpfe sind schön modelliert. Manche der frühen Bru-Puppen sind lediglich mit einem Kreis mit Punkt markiert, so wie unser Beispiel hier. Diese Puppe hat einen Lederkörper, Porzellanhände und Lederfüße. Die Puppe trägt ihre Originalperücke und ein marineblaues Samtkleid mit Spitzenborten.

BRU-BÉBÉ

DATIERUNG: ca. 1880; HERKUNFT: Frankreich; PUPPENMACHER: Bru; MARKIERUNGEN: Bru Jne 9; GRÖSSE: 51 cm

Dieses Bébé von Bru trägt sehr luxuriöse Kinderkleidung. Die Markierung ist in den Kopf und auf der Schulterplatte eingraviert. Die zart gemalten Gesichtszüge sind ein Erkennungszeichen für Bru-Puppen.

SCHMITT-BÉBÉ

DATIERUNG: späte 70er Jahre 19. Jahrh.; HERKUNFT: Frankreich; PUPPENMACHER: Schmitt et Fils; MARKIERUNGEN: SCH3; GRÖSSE: 49 cm

Dieses Bébé mit geschlossenem Mund hat einen Biskuitkopf, blaue Glasaugen, Schafwollhaare und einen Körper mit Kugelgelenken. Schmitt et Fils aus Paris stellten etwa von 1863 bis 1891 Puppen her. Das Unternehmen warb für sein »unzerstörbares« Gelenk-Bébé zwischen 1879 und 1890, also etwa zur selben Zeit, in der Jumeau und andere französische Puppenmacher ihre eigenen kindlichen Puppenmodelle herstellten. Die großen Augen, der Rosenmund und das mollige Kinn sind genauso charakteristisch für Schmitt-Puppen wie ihr zur Sitzfläche abgeflachter Po, wodurch man sie mühelos hinsetzen kann. Die Markierung findet sich in der Nackengrube. Bisweilen verwendete Schmitt auch als Symbol gekreuzte Schlüssel über den Initialen SCH auf einem Wappenschild.

MÄNNLICHE HURET-PUPPE

DATIERUNG: spätes 19. Jahrh.; HERKUNFT: Frankreich; PUPPENMACHER: Maison Huret; MARKIERUNGEN: Huret, rue de la BOETIE; GRÖSSE: linke Puppe 52 cm; rechte Puppe 47 cm

Eine ungewöhnliche männliche Puppe. Sie ist inklusive Kinn- und Oberlippenbart komplett ausgestattet. Allerdings trägt sie nicht die Originalperücke. Die Markierung befindet sich auf dem Rücken des hölzernen Gelenkkörpers. Die Hände sind aus Metall. Bei Huret in Paris wurde von 1850 bis mindestens 1920 eine Vielfalt von Puppen hergestellt. Diese Puppe und eine weitere sind zu einer Szene mit dem Titel »Bei Alfred de Musset« zusammengestellt.
Die Modepuppe hat einen Ziegenlederkörper mit Zwickelgelenken und blaue Augen. Sie trägt einen Samtmantel über einem gelben Satinkleid. Der Kurbelkopf sitzt auf einer Biskuit-Brustplatte. Die blonden Haare der Puppe sind zu einem Zopf geflochten und um den Kopf geschlungen.

RABERY & DELPHIEU-MODEPUPPE

DATIERUNG: ca. 1880; HERKUNFT: Frankreich; PUPPENMACHER: Rabery & Delphieu; GRÖSSE: 36 cm

Diese Biskuitkopf-Modepuppe hat einen geschlossenen Mund, ihr Gelenkkörper ist aus Komposition. Der Stil ihrer Kleidung war Ende des 19. Jahrhunderts Mode.
Rabery & Delphieu in Paris stellten von 1856 bis 1899 Puppen her; dann traten sie der SFBJ (s. Glossar) bei. Anfangs fertigten sie Biskuitkopfpuppen mit Stoff- oder Ziegenlederkörpern; später ging das Unternehmen zur Fabrikation von Gelenk-Bébés über.

DENAMUR-BÉBÉ

DATIERUNG: ca. 1910; HERKUNFT: Frankreich; PUPPENMACHER: vermutlich E. Denamur; MARKIERUNGEN: E 11 D; GRÖSSE: 51 cm

Der Biskuitkopf dieses Bébés hat einen offenen Mund, in dem Zähnchen sichtbar sind. Der Gelenkkörper ist aus Komposition. Die Puppe kann E. Denamur, der in Paris ab 1867 Puppen herstellte, lediglich zugeordnet werden, obgleich die Initialen ED auch von anderen verwendet wurden. Seine Puppen haben charakteristische Augenbrauen, die in der Mitte fast zusammenwachsen.

JUMEAU-MODEPUPPE

DATIERUNG: spätes 19. Jahrh.; HERKUNFT: Frankreich; PUPPENMACHER: vermutlich Jumeau; GRÖSSE: 30 cm

Die Puppe ist zwar nicht markiert, weist aber jene hohe Qualität auf, die Jumeau-Puppen auszeichnet. Die Firma Belton & Jumeau wurde 1843 gegründet. Nach dem Tod von Belton eröffnete Pierre François Jumeau 1873 seine eigene Fabrik in Montreuil. Als er sich 1877 zur Ruhe setzte, übernahm sein Sohn Emile das Unternehmen, dem unter seiner Leitung bei internationalen Ausstellungen fünf Goldmedaillen und eine Silbermedaille verliehen wurden.
Kopf, Hände und Arme der hier abgebildeten Puppe sind aus Biskuitporzellan. Sie hat einen Körper aus Ziegenleder, und ihre blauen Augen sind aus Glas. Die Augenbrauen sind klar gezeichnet, der hübsche Mund ist geschlossen, das Gesicht wunderschön gemalt. Die Puppe trägt einen Brautschmuck im blonden Haar und ein cremefarbenes Brautkleid aus Seide von derselben feinen Qualität, die sich bei anderen »Parisiennes« oder Modepuppen Jumeaus findet.

JUMEAU-BÉBÉ

DATIERUNG: ca. 1880; HERKUNFT: Frankreich; PUPPENMACHER: Jumeau; GRÖSSE: 61 cm

Diese besonders hübsche Bébé-Puppe von Jumeau hat feststehende »Paperweight«-Augen und einen offen-geschlossenen Mund. Sie ist zwar nicht markiert, aber typisch für die vielen hervorragenden Bébés, die Ende des 19. Jahrhunderts bei Jumeau produziert wurden. Aufgrund des rapiden Produktionsanstiegs blieben damals viele Puppen unmarkiert. Allein im Jahr 1881 soll Jumeau 85 000 Puppen verkauft haben. Überdies importierte Jumeau Köpfe von Simon & Halbig in Deutschland.

SFBJ-CHARAKTERPUPPE

DATIERUNG: ca. 1910; HERKUNFT: Frankreich; PUPPENMACHER: SFBJ; MARKIERUNGEN: SFBJ 250 Paris 1 SO; GRÖSSE: 57 cm

Die Société Française de Fabrication de Bébés et Jouets (SFBJ) wurde 1899 von französischen Puppenfabrikanten gegründet, um der preisgünstigen deutschen Konkurrenz zu begegnen. Bei den meisten SFBJ-Puppen handelt es sich um Bébés mit Biskuitköpfen, die z. T. von Simon & Halbig importiert waren, auf einem Komposition-Gelenkkörper. Es wurden aber auch einige Charakterpuppen gefertigt.
Die Biskuitkopfpuppe hat einen geöffneten Mund, in dem die oberen Zähne zu sehen sind. Sie hat ein Grübchen im Kinn, blaue Paperweight-Schelmenaugen – Augen, die sich auch zur Seite bewegen lassen – aus Glas, durchstochene Ohren und eine kastanienbraune Echthaarperücke. Der Körper besteht aus Komposition mit Gelenkgliedern aus Holz.

SFBJ-MODEPUPPE

DATIERUNG: ca. 1925; HERKUNFT: Frankreich; PUPPENMACHER: SFBJ; GRÖSSE: 51 cm

Diese Puppe trägt ein Gewand, das in den zwanziger Jahren der letzte Schrei war. Auch wenn sie nicht markiert ist, ist es naheliegend, daß es sich um eines der Millionen Exemplare handelt, die in dieser Zeit in einer der acht Fabriken der SFBJ hergestellt wurden. Sie hat einen Kurbelkopf aus Biskuitporzellan und einen Gelenkkörper aus Komposition mit hölzernen Gliedern; auch die Handgelenke sind beweglich. Beachten Sie, wie sorgfältig die Finger ausgearbeitet sind. In dem geöffneten Mund sind vier Zähne sichtbar.

ALBERT-MARQUE-PUPPE

DATIERUNG: ca. 1913; HERKUNFT: Frankreich; PUPPENMACHER: Albert Marque; GRÖSSE: 55 cm

Das Modell zu dieser seltenen und wunderhübschen Puppe schuf der französische Bildhauer Albert Marque (1872–1939). Nur sehr wenige seiner Puppen sind bekannt. Fünf sind im Carnegie Museum in Pittsburgh, USA, und eine ist im Margaret Woodbury Strong Museum in New York ausgestellt. Marque schuf viele Kinderbüsten und einige Puppen, die in Paris verkauft wurden. Die Puppen haben alle die gleiche Größe; sie stammen aus derselben Form, haben alle den gleichen Körper aus Komposition und Unterarme aus Biskuitporzellan. Ihr Mund ist geschlossen, die Paperweight-Augen sind blau oder braun, und im Nacken ist eine Signatur eingeritzt. Diese Puppe trägt ihre Originalperücke und -bekleidung: ein Kleid mit gelbem Jäckchen, dessen Aufschläge im Stoff des Kleides abgesetzt sind.

LANTERNIER-CHARAKTER-PUPPE

DATIERUNG: 1915; HERKUNFT: Frankreich; PUPPENMACHER: A. Lanternier & Cie. MARKIERUNGEN: Favorite no. 2/0/A.L. & Cie; GRÖSSE: 41 cm

In die Biskuitköpfe, die zwischen 1891 und etwa 1925 in Limoges produziert wurden, sind die Namen Favorite, Lorraine oder La Georgienne eingeritzt. Diese Puppe wurde von dem Bildhauer J. E. (oder T. E.) Maskon (oder Masson) gestaltet, der Wachs- und Tonmodelle für Künstlerpuppen anfertigte. Sein Schriftzug erscheint auf dem Nacken der Puppe. Er findet sich ebenfalls auf Puppenköpfen von Couty, Magne & Cie (auch als Coiffe bekannt), einem anderen Hersteller aus Limoges. Einige Lanternier-Köpfe tragen die Signatur von Ed. Tasson, dessen Identität nicht geklärt ist. Der Gelenkkörper und die Glieder sind aus Komposition.

HEUBACH-CHARAKTERPUPPE

DATIERUNG: ca. 1900; HERKUNFT: Deutschland; PUPPENMACHER: Gebrüder Heubach; GRÖSSE: 18 cm

Die Familie Heubach kaufte die Porzellanfabrik in Lichte 1840 und nahm kurz danach die Herstellung von Porzellanfigurinen auf. Die Produktion der wunderbaren Biskuit-Puppenköpfe mit Intaglio-Augen ist nicht vor 1910 verbürgt. Das Unternehmen war berühmt für seine Charakterpuppen, seine Pianopüppchen (Nippesfigürchen in der Form von Babys) und andere Kleinfiguren. Diese kleine Charakterpuppe hat einen geschlossenen Mund, gemalte Intaglio-Augen, einen Körper aus Kompositionsmasse und gebogene Glieder. Puppen der Gebrüder Heubach sind manchmal auch mit dem bekannten Zeichen der aufgehenden Sonne markiert.
Puppen der Gebrüder Heubach dürfen nicht mit denen von Ernst Heubach aus Köppelsdorf oder Friedrich A. Heubach aus Sonneberg verwechselt werden.

HANDWERCK-CHARAKTERPUPPE

DATIERUNG: 1902; HERKUNFT: Deutschland; PUPPENMACHER: Max Handwerck; GRÖSSE: 68,5 cm

Diese Puppe von Max Handwerck hat braune Augen, einen offenen Mund mit Zähnchen sowie Körper und Glieder aus Komposition. Kleid, Spitzenhäubchen und die gelben Schuhe mit den Schleifen gehören zur Originalausstattung. Max Handwerck gründete sein Unternehmen 1899 in Waltershausen und fertigte Porzellan- und Biskuitporzellanköpfe, Puppenteile und Kleider. Auch Puppenköpfe der Firma F. & W. Goebel aus Oeslau wurden verwendet; die diese Biskuitporzellanköpfe nach Handwercks eigenen Gußformen fertigte.
In Waltershausen befand sich auch die Puppenfabrik von Heinrich Handwerck, die 1886 gegründet wurde und eine Reihe von Kugelgelenk-Puppen herstellte. Die Köpfe dieser Puppen wurden oft von Simon & Halbig geliefert.

RECKNAGEL-CHARAKTERPUPPE

DATIERUNG: 1907; HERKUNFT: Deutschland; PUPPENMACHER: Theodor Recknagel; MARKIERUNGEN: DEP R/Recknagel 1907; GRÖSSE: 15 cm

Theodor Recknagel (1860–1930) stellte von etwa 1893 bis 1930 Biskuitporzellanköpfe in Alexandrienthal her. Die hier gezeigte kleine Puppe hat einen offenen Mund mit Zähnen, feststehende Augen und einen Kurbelkopf auf einem Kompositionskörper mit geraden Gliedern, die an Schultern und Hüfte beweglich sind. Die Puppe hat ihr Originalhaar und trägt eine Filzjacke, ein Spitzenhemd und Samthosen. Die Schuhe sind aufgemalt. Nach dem Ersten Weltkrieg stellte das Unternehmen auch Köpfe aus Komposition her.

CHARAKTERPUPPE DER GEBRÜDER HEUBACH

DATIERUNG: 1912–14; HERKUNFT: Deutschland; PUPPENMACHER: Gebrüder Heubach; GRÖSSE: mittlere Puppe 36 cm

Etwa um die Jahrhundertwende begann man wirklichkeitsgetreuere Puppen zu fertigen. Dazu verpflichteten verschiedene Fabrikanten Künstler, die die Köpfe modellieren sollten. Diese Gruppe hier zeigt einige Puppen, die von der Firma Gebrüder Heubach kurz vor dem Ersten Weltkrieg produziert wurden.

Die weinende Puppe links hat einen offengeschlossenen Mund, in dem die Zunge sichtbar ist. Das Haar ist modelliert, und der Körper aus Holz und Komposition ist gegliedert. Die Puppe in der Mitte hat gekrümmte Glieder, Paperweight-Augen und echtes Haar. Die rechte Puppe lächelt mit offengeschlossenem Mund. Das Haar ist modelliert und der bewegliche Körper besteht aus Holz und Komposition. Die Intaglio-Augen schauen nach links.

MODEPUPPE VON SIMON & HALBIG

DATIERUNG: ca. 1880; HERKUNFT: Deutschland; PUPPENMACHER: Simon & Halbig; MARKIERUNGEN: S 6 H; GRÖSSE: 40 cm

Simon & Halbig waren die wohl größten deutschen Hersteller von Puppenköpfen. Das Unternehmen wurde 1869 in Gräfenhain von Wilhelm Simon († 1894) und Carl Halbig (1839–1926) als Porzellanmanufaktur gegründet. Da Simon auch Spielzeughersteller war, begann der Betrieb mit der Produktion von Biskuitporzellanköpfen.
Diese zauberhafte Puppe hat blaue Glasaugen und eine blonde Perücke. Sie hat einen Stoffbalg mit Armen aus Biskuitporzellan. Das zweiteilige Kleid mit kleiner Tournüre, das sie mit passendem Hut trägt, ist nicht ihre Originalbekleidung

PUPPENMÄDCHEN VON SIMON & HALBIG

DATIERUNG: 1899; HERKUNFT: Deutschland; PUPPENMACHER: Simon & Halbig; GRÖSSE: 61 cm

Simon & Halbig produzierten eine große Typenvielfalt von Babypuppen, kindlichen Puppen und Modepuppen und darüber hinaus Charakterpuppen und Puppen mit modelliertem Haar. Die Künstler, die die Puppen entwarfen, modellierten und bemalten, gehörten zu den besten der deutschen Puppenindustrie, und das Biskuitporzellan war von außergewöhnlich hoher Qualität.
Diese besonders schöne Puppe mit kleinem Teddybär wurde aus erster Hand an das Lilliput Museum verkauft. Ihre Besitzerin hatte sie mit drei Jahren bekommen. Die Puppe hat einen rosafarbenen Lederkörper, Glieder aus Biskuitporzellan und einen Brustkurbelkopf. Die dunkelbraunen Augen sind feststehend, und sie trägt ihre Originalperücke aus Echthaar. Mit dem Baumwollkleid wurde die Puppe von ihrer Erstbesitzerin eingekleidet; es ist jedoch unwahrscheinlich, daß sie mit dieser Ausstattung gekauft wurde.

CHARAKTERPUPPE VON KÄMMER & REINHARDT

DATIERUNG: ca. 1910; HERKUNFT: Deutschland; PUPPENMACHER: Kämmer & Reinhardt; GRÖSSE: 28 cm

Das Unternehmen, das 1886 in Waltershausen von dem Modelleur Ernst Kämmer und dem Kaufmann Franz Reinhardt gegründet wurde, erwies sich als eines der erfolgreichsten in der gesamten Geschichte der Puppenfabrikation. Seine berühmten Charakterpuppen wurden 1909 eingeführt. Er beauftragte einen Berliner Künstler, eine Form für Babypuppen einer völlig neuen Art zu entwickeln. Vorbild für diese Form war der sechs Wochen alte Säugling.
Dieses Charakterbaby hat aufgemaltes, modelliertes Haar und einen offenen Mund. Die Gliedmaßen sind gebogen und zeigen Grübchen in den Knien und Speckröllchen und -fältchen wie bei einem richtigen Baby.

ELISE

DATIERUNG: ca. 1910; HERKUNFT: Deutschland; PUPPENMACHER: Kämmer & Reinhardt; MARKIERUNGEN: 109; GRÖSSE: 46 cm

Die Form dieser Puppe, die ein Kleinkind darstellt, trägt die Nummer 109 der Kämmer & Reinhardt-Serien. Die Puppe ist als Elise bekannt. Sie wurde erstmals 1909 hergestellt, hat gemalte Intaglio-Augen, einen offen-geschlossenen Mund und einen Gelenkkörper aus Komposition.

KESTNER-MODEPUPPE

DATIERUNG: spätes 19. Jahrh.; HERKUNFT: Deutschland; PUPPENMACHER: vermutl. Kestner; MARKIERUNGEN: 139; GRÖSSE: 34 cm

Diese Biskuit-Brustkopfpuppe mit geschlossenem Mund hat einen Lederkörper, Arme aus Biskuitporzellan und feststehende, blaue Paperweight-Augen. Die Markierung ist etwas undeutlich, aber wahrscheinlich handelt es sich um eine Puppe, die Kestner für den französischen Markt angefertigt hat. 1816 gründete Johann Daniel Kestner eine Papiermaché-Fabrik in Waltershausen. Die Produktion stieg stetig, so daß das Unternehmen ab etwa 1865 eine breite Palette von Puppen und Puppenteilen aus Wachs, Porzellan, Biskuitporzellan, Holz und Komposition herstellte.

KESTNER-CHARAKTERPUPPE

DATIERUNG: frühes 20. Jahrh.; HERKUNFT: Deutschland; PUPPENMACHER: Kestner; MARKIERUNGEN: DRGM 4428107; GRÖSSE: 36 cm

Dieser Puppenknabe trägt die Formennummer 142 von J. D. Kestner. Sein Körper und die obere Partie seiner beweglichen Glieder bestehen aus Leder und sind mit Sägemehl gefüllt, während die Unterarme und -beine aus Kompositionsmasse gefertigt sind. Die ungewöhnliche Verbindungstechnik, mit der hier Leder auf Komposition trifft, ist am linken Arm zu erkennen. Die Intaglio-Augen sind aufgemalt, und die Puppe hat bemaltes modelliertes Haar. Sie trägt nicht ihre Originalkleidung.

PUPPE VON F. & W. GOEBEL

DATIERUNG: ca. 1910–15; HERKUNFT: Deutschland; PUPPENMACHER: Goebel; GRÖSSE: 46 cm

Franz Detlef Goebel und sein Sohn William errichteten 1867 in Oeslau eine Porzellanfabrik und produzierten ab den neunziger Jahren des letzten Jahrhunderts auch Puppenköpfe für andere Hersteller. Ende des Jahrhunderts stellte die Firma über 100 verschiedene Brustköpfe in bis zu 21 Größen her. Diese freundlich lächelnde Puppe hat einen Biskuitporzellankopf mit geöffnetem Mund und einen Sitzbaby-Körper aus Komposition. Die kleine Puppe, die vor ihr sitzt, ist 18 cm groß. Sie hat einen angeflanschten Hals, Schlafaugen und einen geschlossenen Mund. Der Körper ist aus Stoff; die Hände sind aus Komposition.

PRINCESS ELIZABETH

DATIERUNG: 1929; HERKUNFT: Deutschland; PUPPENMACHER: Schoenau & Hoffmeister; MARKIERUNGEN: Porzellanfabrik Burggrub; GRÖSSE: 61 cm

Die Firma Schoenau & Hoffmeister wurde 1901 in Burggrub gegründet. Sie stellte Porzellan her und lieferte Biskuitporzellanköpfe an die Fabrik von Arthur Schoenau.
Bei dieser Puppe, die in der größten Form der Firma gegossen wurde, handelt es sich um ein Portrait der dreijährigen Prinzessin Elisabeth von England. Der Körper hat gerade Beine und entspricht dem eines Kleinkindes. Die Puppe trägt ihre ursprüngliche Mohairperücke, hat blaue Schlafaugen aus Glas und einen geöffneten Mund mit Zähnen. Aufgrund der gleichen Initialen werden Puppen von Schoenau & Hoffmeister und Simon & Halbig bisweilen verwechselt.

MY DREAM BABY

DATIERUNG: ca. 1920; HERKUNFT: Deutschland; PUPPENMACHER: Armand Marseille; MARKIERUNGEN: AM 341-6K; GRÖSSE: 46 cm

1884 kaufte Armand Marseille eine Spielzeugfabrik und im Jahr darauf eine Porzellanfabrik. Mit der Produktion von Brustpuppenköpfen begann er in seinen Fabriken in Köppelsdorf und Neuhaus jedoch erst um 1890. Marseille produzierte Biskuitporzellanköpfe für eigene Puppen und belieferte andere Puppenhersteller. Die Formennummer 341 wurde erstmals 1913 verwendet. Sie gehört zu einer Puppe, die als »My Dream Baby« bekannt ist – ein Name, der in den USA 1925 eingetragen wurde. Die Puppe hat einen Biskuitporzellankopf mit geflanschtem Hals und blaue Schlafaugen. Der Körper mit den gebogenen Gliedern ist aus Komposition. Denselben Typ gab es auch als Neger- und Mulattenbaby. Die hier abgebildete Puppe trägt ihre Originalausstattung.

ARMAND-MARSEILLE-PUPPE

DATIERUNG: ca. 1925; HERKUNFT: Deutschland; PUPPENMACHER: Armand Marseille; MARKIERUNGEN: 370; GRÖSSE: 38 cm

Armand Marseilles Formennummer 370 wurde erstmalig 1913 verwendet und gehört zu den bekanntesten Puppen des Unternehmens. Wie viele andere Formen dieser Firma wurde sie viele Jahre für die verschiedensten Materialien benutzt. Diese Puppe hat einen Biskuitporzellankopf mit blauen Schlafaugen und einen offenen Mund mit Zähnen. Körper und Glieder sind aus Komposition. Die Puppe ist wie ein Fischermädchen aus Newhaven gekleidet. Sie trägt drei Unterröcke (zwei gestreifte und einen aus Flanell), eine dicke Bluse, eine Schürze, gestrickte Wollstrümpfe und ein rotes Schultertuch.

KEWPIE

DATIERUNG: ca. 1920; HERKUNFT: Deutschland; PUPPENMACHER: nicht bekannt; GRÖSSE: 7,5 cm

Kewpie-Puppen sind an ihrem Babybürzel auf dem Kopf, ihrem Seitenblick und den verschmolzenen Beinen zu erkennen. Die Künstlerin Rose O'Neill schuf diese Figur 1909. Das Muster wurde um 1913 patentiert. Die frühesten Exemplare wurden von Kestner hergestellt, doch produzierten 1914 bereits 21 Fabriken Kewpies, darunter die Cameo Doll Co. in New York City, die sie aus Kompositionsmasse fertigte, Gebrüder Voight, Hermann Voight und weitere deutsche Unternehmen, die Porzellanversionen herausbrachten, Karl Standfuss, der ebenfalls Komposition einsetzte, und Steiff, die Stoff-Kewpies entwickelten. Es gibt Kewpies von 6 bis 43 cm. Einige sind schwarz oder braun, andere haben Flügel, die einen haben keine Kleider und die anderen, wie z. B. diese hier, tragen alle möglichen Uniformen.

UNCLE SAM

DATIERUNG: ca. 1896; HERKUNFT: Deutschland; PUPPENMACHER: Cuno & Otto Dressel; GRÖSSE: 36 cm

Die Firma Cuno & Otto Dressel wurde Anfang des 18. Jahrhunderts in Sonneberg gegründet und exportierte Ende des 19. Jahrhunderts einen großen Teil ihrer Produktion in die USA, wo Butler Brothers, die Spielzeug herstellten und vertrieben, zu ihren wichtigsten Abnehmern zählten. Diese Uncle-Sam-Figur wurde kurz vor der Jahrhundertwende geschaffen, als , ausgelöst durch die kubanischen Forderungen nach Unabhängigkeit von der spanischen Herrschaft, die von vielen US-Amerikanern unterstützt wurden, der Patriotismus in den USA hohe Wellen schlug. Die Puppe hat einen Biskuitkurbelkopf von Simon & Halbig, Glasaugen und einen hölzernen Gelenkkörper. Sie trägt einen blauen Filzzylinder, eine Filzjacke, Baumwollhose, Weste und Hemd in Originalausstattung.

BYE-LO BABY

DATIERUNG: 1922; HERKUNFT: Deutschland; PUPPENMACHER: nicht bekannt; GRÖSSE: 33 cm

1922 entwarf die amerikanische Kunstlehrerin Grace Storey Putnam die Puppe Bye-lo Baby für George Borgfeldt und ließ sie durch Copyright schützen. Sie hatte zahlreiche Kranken- und Waisenhäuser durchsucht, bis sie ein geeignetes Modell gefunden hatte. Die Puppe wurde mit einem Ringhalskopf aus Biskuitporzellan, einem Stoffkörper und Celluloid-Händen gefertigt und entwickelte sich sofort zum Bestseller. Bye-lo-Baby wurde ein solcher Verkaufsschlager, daß die Puppe auch als »Million-Dollar-Baby« bekannt wurde.
Die Puppe wurde in verschiedenen Größen produziert.

NOBBI KID

DATIERUNG: 20er Jahre 20. Jahrh.; HERKUNFT: Deutschland; MARKIERUNGEN: A 253 M Nobbi Kid Reg. US Pat. Germany 11/10; GRÖSSE: 18 cm

Diese Biskuitkopfpuppe mit geschlossenem Mund und großen Kulleraugen ist ein Stehbaby aus Komposition. Sie trägt ihr Originalkleid; die Echthaarperücke wurde allerdings später beigesteuert.

DPC-PUPPE

DATIERUNG: 1908; HERKUNFT: England; PUPPENMACHER: DPC; MARKIERUNGEN: Hanley, England; GRÖSSE: 43 cm

Über die Identität der Firma mit den Initialen DPC herrscht Verwirrung. Eine Puppe, die so gekennzeichnet ist, könnte von der Diamond Pottery Co. oder auch von der Doll Pottery Co. hergestellt worden sein. Beide waren zur selben Zeit in derselben Gegend von Staffordshire, England, tätig. Diese Puppe mit Biskuitporzellankopf und Kompositionskörper trägt jedoch die Aufschrift Hanley, England, und da die Diamond Pottery Co. ihren Betrieb in Shelton am Rand von Hanley hatte, die Doll Pottery Co. ihren aber in Fenton, Staffordshire, kann man mit einigem Recht annehmen, daß diese Puppe von der Diamond Pottery stammt.

GOSS-PUPPE

DATIERUNG: ca. 1918; HERKUNFT: England; PUPPENMACHER: W. H. Goss & Co.; GRÖSSE: 38 cm

Die Firma W. H. Goss & Co. aus Staffordshire stellte im 19. Jahrhundert Porzellanbüsten her. Sie fertigte in den ersten Jahrzehnten dieses Jahrhunderts feine Biskuitporzellanköpfe und belieferte den englischen Markt während des Ersten Weltkriegs, als es keine deutschen Puppen gab. Während des Zweiten Weltkriegs stellte das Unternehmen auch Babypuppen her. Goss-Puppen haben Glasaugen und sind verglichen mit deutschen oder französischen Puppen derselben Zeit mit schwererer Hand bemalt.

GILLIE-CHARLSON-PUPPE

DATIERUNG: 1986; HERKUNFT: England; PUPPENMACHER: Gillie Charlson; GRÖSSE: 46 cm

Für den Film »Shanghai Surprise« mit Madonna mußte die englische Puppenmacherin Gillie Charlson 1986 siebzehn orientalische Puppen in nur fünf Wochen anfertigen. Sie verwendete die Gußform für einen orientalischen Kopf und befestigte Porzellanarme mit Draht an einem Holzrahmen, der lediglich »in Form« gepolstert und auf eine Holzgrundplatte montiert wurde. Die »Stickerei« wurde in Wirklichkeit mit Strukturfarbe auf das Gewand aufgetragen.

SOPHY

DATIERUNG: 90er Jahre 20. Jahrh.; HERKUNFT: England; PUPPENMACHER: Lynne und Michael Roche; GRÖSSE: 58,5 cm

Lynne und Michael Roche aus Bath in England stellten zunächst Reproduktionen alter Puppen her. 1982 schufen sie ihre erste »moderne« Puppe, für die ein Kindheitsfoto der französischen Schriftstellerin Colette als Vorlage diente. Seither haben die beiden eine große Zahl weiterer wunderschöner Modelle mit Biskuitporzellanköpfen und -körpern geschaffen. In jüngster Zeit setzen sie auch Gelenkkörper aus Holz ein. Alle Puppen sind an Kopf und Körper mit dem Copyright-Datum, ihrer Nummer und dem Namen der Hersteller versehen. Sophy, die hier zu sehen ist, gibt es in verschiedenen Größen, darunter auch eine 30 cm große Ganzbiskuit-Version. Die hier gezeigte Größe wurde nur in einer limitierten Auflage von 100 Puppen hergestellt. Sie hat einen hölzernen Kugelgelenkkörper und Hände aus Porzellan.

KÖNIGSKINDER

DATIERUNG: ca. 1953; HERKUNFT: USA; PUPPENMACHER: Martha Thompson; GRÖSSE: 24 cm

Martha Thompson war in ihrer Arbeit inspiriert von literarischen und historischen Figuren und fasziniert von der königlichen Familie. So schuf sie Puppen aus hautfarbenem Biskuitporzellan, die Prince Charles in vier Abschnitten seiner Kindheit darstellen. Hier sind Darstellungen von Prinz Charles und Prinzessin Anne zu sehen. Diese Puppen haben Stoffkörper; Unterarme und -beine sind aus Biskuit. Sie wurden zu Ehren der Krönung von Queen Elizabeth 1953 geschaffen.

JOHN WAYNE

DATIERUNG: ca. 1970; HERKUNFT: USA; PUPPENMACHER: EFFanBEE; GRÖSSE: 40 cm

Zwar sind die begehrtesten Sammlerstücke von EFFanBEE vor dem Zweiten Weltkrieg entstanden (s. Seite 44), das Unternehmen stellt aber weiterhin eine Reihe von Puppen her, die zweifellos zu den Sammelobjekten der Zukunft gehören werden. Diese John-Wayne-Puppen haben beide einen Kopf aus Biskuitporzellan. Bei der Puppe links sind die blauen Augen, die Wimpern, Augenbrauen und Haare modelliert. Sie hat einen Stoffkörper und trägt die Uniform eines Kavallerieoffiziers. Auch die Puppe rechts hat einen Stoffkörper; sie trägt Cowboy-Kluft.

PETITCOLIN-PUPPE

DATIERUNG: ca. 1920; HERKUNFT: Frankreich; PUPPENMACHER: Petitcolin; MARKIERUNGEN: Tête de l'aigle France 57; GRÖSSE: 40 cm

Diese französische Puppe, die ganz aus Celluloid gefertigt ist, trägt das Adlerkopfzeichen (Tête de l'aigle) der Firma Petitcolin, Paris, die 1914 gegründet wurde. Die Hände dieser Puppe sind besonders gut herausgearbeitet. Durch die Frisur, die modelliert ist, läßt sich die Puppe auf die zwanziger Jahre datieren.

SNF-CHARAKTERPUPPE

DATIERUNG: ca. 1927; HERKUNFT: Frankreich; PUPPENMACHER: SNF; GRÖSSE: 43 cm

Diese Charakterpuppe aus Celluloid hat eine modellierte Kurzhaarfrisur, feststehende Glasaugen mit Wimpern, Körper und Glieder aus Celluloid, Gelenke an Schultern und Hüften und einen Kurbelkopf. Die Initialen SNF stehen für Société Nobel Française, und obwohl ihr Markenzeichen eins der häufigsten auf französischen Celluloidpuppen dieser Zeit ist, weiß man wenig über dieses Unternehmen. Um 1902 begann die Société Industrielle de Celluloid in Paris mit der Produktion von Celluloidpuppen und verwendete dazu Sicoid bzw. Sicoïne, ein Pyroxylinmaterial. Ihr Markenzeichen war ein geflügelter Drache mit Schild. Es kam zum Zusammenschluß mit Neumann & Marx, und Nachfolgeunternehmen wurde die SNF. Die Puppe trägt ihr ursprüngliches Flanellkleid unter einer Schürze, auf der spielende Kinder abgebildet sind. Zur weiteren Ausstattung gehören ein Unterrock, Nylonunterhosen (später ergänzt), weiße Söckchen und rote Schuhe mit Rosetten.

PUPPE VON KÄMMER & REINHARDT

DATIERUNG: *1910*; HERKUNFT: *Deutschland*; PUPPENMACHER: *Kämmer & Reinhardt*; MARKIERUNGEN: *K&R 406/1*; GRÖSSE: *40 cm*

Kämmer & Reinhardt gehörten zu den vielen deutschen Puppenfabrikanten, die Celluloidpuppen herstellten. Diese Puppe, die einen Celluloidkopf und einen Körper aus Komposition hat, trägt außer der Markierung für Kämmer & Reinhardt die Schildkröte der Rheinischen Gummi- und Celluloidfabrik in Mannheim-Neckarau. Das Unternehmen, das 1873 gegründet worden war und anfänglich Gummiartikel produzierte, wurde Deutschlands größter Hersteller von Celluloidpuppen.
Die hier gezeigte Puppe hat Schlafaugen, einen offenen Mund, einen Kurbelkopf und einen Gelenkkörper aus Komposition. Die Puppe trägt ihr Originalhaar und ist als Brautjungfer gekleidet.

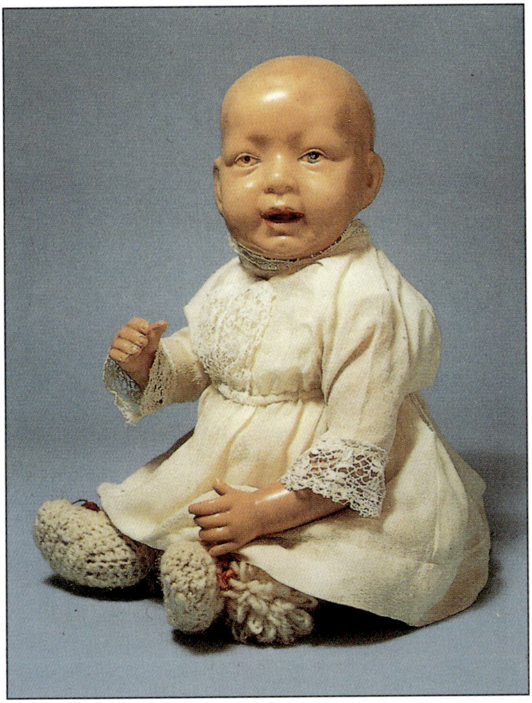

KESTNER-CHARAKTER-PUPPE

DATIERUNG: *frühes 20. Jahrh.*; HERKUNFT: *Deutschland*; PUPPENMACHER: *J. D. Kestner*; MARKIERUNGEN: *K*; GRÖSSE: *40 cm*

Diese Kestner-Puppe, die ganz aus Celluloid gefertigt ist, ist mit der Initiale K der Waltershausener Puppenmacher markiert. Es ist jedoch mehr als wahrscheinlich, daß der Kopf von der Rheinischen Gummi- und Celluloidfabrik geliefert wurde, die vermutlich eine von Kestners eigenen Formen verwendete. Die Firma Kestner behauptete, daß alle ihre Celluloidpuppen mattiert seien und die Farben nicht ausbleichen würden. Bedenkt man jedoch die Bezugsquelle für die Köpfe, so kann zwischen den Kestner-Puppen und der Mehrheit der anderen deutschen Celluloidpuppen in jener Zeit kaum ein Unterschied in der Materialqualität bestanden haben. So sind auch die Farben dieses Charakter-Sitzbabys auf jeden Fall bis zu einem gewissen Grad verblaßt.

MINERVA-KOPF

DATIERUNG: frühes 20. Jahrh.; HERKUNFT: Deutschland; PUPPENMACHER: Buschow & Beck; MARKIERUNGEN: Minerva; GRÖSSE: 10 cm

Minerva-Metallbrustköpfe wie dieser hier finden sich am häufigsten in England. Die Firma Buschow & Beck aus Reichenbach war zwar besonders für ihre Metallköpfe bekannt, sie fertigte aber auch Köpfe aus Celluloid. Der Markenname »Minerva« wurde 1894 eingetragen. Ab etwa 1900 wurden diese Köpfe aus Messingblech gefertigt und zu begehrten Sammlerstücken. Nach 1907 ersetzte man jedoch das Blech durch eine Kombination von Emaille und Celluloid. Der hier gezeigte Kopf besteht aus diesem Material. Die Puppe hätte vermutlich einen Körper aus Celluloid bekommen. Der Name Minerva ist auf die Brustplatte geprägt, auf der Schulterplatte steht Germany, so daß eine Identifizierung recht einfach ist.

PUPPE DER BRITISH NATIONAL DOLL Co.

DATIERUNG: 1950; HERKUNFT: England; PUPPENMACHER: British National Doll Co.; MARKIERUNGEN: BND London; GRÖSSE: 25 cm

Die British National Doll Co. stellte ab 1933 Puppen mit Porzellanköpfen her. 1942 gab die Firma an, als erstes Unternehmen Großbritanniens Komposition-Puppen in Massenproduktion herzustellen, und 1950 begann sie mit der Herstellung von Puppen aus Hartkunststoff, zu denen auch diese Puppe gehört. Das Sitzbaby hat Schlafaugen, einen offen-geschlossenen Mund und geformtes Haar. Arme, Hände und Beine sind beweglich. Diese Puppen sind im allgemeinen in der Nackengrube markiert.

PEDIGREE-PUPPEN

DATIERUNG: 1948–50; HERKUNFT: England; PUPPENMACHER: Pedigree; GRÖSSE: Puppe links 61 cm; Puppe rechts 33 cm

Die linke Puppe hat Schelmenaugen, geformte Löckchen, einen Kurbelkopf, gebogene Arme mit Schultergelenken und nur leicht gebogene Beine mit Hüftgelenken. Es ist eine Sprechpuppe, deren Stimme im Rücken untergebracht ist. Die rechte Puppe ist zwar kleiner, hat aber ansonsten viele Gemeinsamkeiten mit der linken; ihre Farben sind allerdings stärker verblaßt. (S. auch Seite 45.)

KEWPIE-PUPPE

DATIERUNG: 70er Jahre 20. Jahrh. HERKUNFT: England; PUPPENMACHER: nicht bekannt; GRÖSSE: 23 cm

Die Kewpies sind heute so beliebt wie einst vor dem Ersten Weltkrieg, als Rose O'Neill die erste Kewpie-Figur schuf. Ein Vergleich dieser Vinyl-Version mit der Biskuitporzellan-Kewpie von Seite 67, die aus den zwanziger Jahren stammt, ist interessant. Die hier gezeigte Puppe hat die gleiche Tolle auf dem Kopf, den gleichen Seitenblick und dieselben »Seestern-Hände«, aber sie weist einen drehbaren Kopf auf, und die Glieder sind an Schulter und Hüfte beweglich.

KOPF VON MARKS BROTHERS

DATIERUNG: 1918–30; HERKUNFT: USA; PUPPENMACHER: Marks Brothers Co.; MARKIERUNGEN: 6; GRÖSSE: 15 cm

Die Firma Marks Brothers Co. war in Boston, Massachusetts, tätig. Ab 1918 bis in die späten zwanziger Jahre produzierte und importierte sie Brustköpfe und drehbare Köpfe. Sie markierte die Puppen mit »Made in USA/Marks Brothers Co. Boston« in einem Wappenschild. Oft wurde eine Zahl auf der Rückenplatte angegeben, die die Höhe des Kopfes in Zoll angibt. Dieser Celluloidkopf hat geformtes Haar und gemalte Gesichtszüge.

GOODYEAR-PUPPEN

DATIERUNG: ca. 1920; HERKUNFT: USA; PUPPENMACHER: Charles Goodyear; GRÖSSE: 38 cm

Die Goodyear Rubber Co. gehörte zu den Unternehmen, die mit der Herstellung von Gummipuppen experimentierten. Theoretisch mußte Gummi ein ideales Material für Puppen sein, denn es ist sowohl unbedenklich als auch unzerbrechlich. Leider erwies es sich jedoch als nicht haltbar genug.
Diese Gummibabypuppe von etwa 1920 hat zum Beispiel fast alle Farbe und auch etwas von der obersten »Hautschicht« verloren. Trotzdem bleibt noch ein Eindruck von dem recht vollen, viereckigen Gesichtchen und dem rundlichen Hals. Mit ihrer ursprünglichen Bemalung muß sie viel hübscher ausgesehen haben. Die Gummiköpfe waren an ausgestopften Stoffkörpern befestigt.

MADAME-ALEXANDER-PUPPEN

DATIERUNG: 70er Jahre 20. Jahrh.; HERKUNFT: USA; PUPPENMACHER: Alexander Doll Co.; MARKIERUNGEN: linke Puppe: 3 Alexander 1979; GRÖSSE: linke Puppe: 38 cm

Die Alexander Doll Co. in New York wurde 1923 von Madame Alexander gegründet, und die Puppen von Beatrice Alexander Behrman gehören zu den begehrtesten aller amerikanischen Sammlerstücke. In Europa findet man sie selten. Die frühen Exemplare waren aus Stoff; aber seit dieser Zeit hat der Betrieb Puppen in nahezu jedem neuen Material hergestellt. Die beiden Puppen, die hier zu sehen sind, haben Köpfe und Glieder aus Vinyl, ausgestopfte, weiche Körper, eingelassenes Haar und Schlafaugen. Beide Puppen tragen ihre Originalkleidung. Das Modell der linken Puppe ist als Little Brother bekannt. Die rechte Puppe, die den Namen Baby Precious trägt, stammt von 1974.

GENERAL-MILLS-PUPPE

DATIERUNG: 1970; HERKUNFT: USA; PUPPENMACHER: General Mills; GRÖSSE: 48 cm

Diese Puppe mit Vinylkopf und Körper aus Hartkunststoff wurde von dem amerikanischen Unternehmen General Mills hergestellt. Sie hat Schlafaugen, einen offen-geschlossenen Mund, bewegliche Arme und Schultern und einen drehbaren Hals. Auch die Handgelenke und die Taille haben ein Gelenk; durch einen batteriebetriebenen Mechanismus, der durch eine Zugschnur ausgelöst wird, kann die Puppe daher den Oberkörper beugen und drehen.

Glossar

angesetzte Ohren Ohren, die erst nach dem Formen des Kopfes zugefügt wurden, gegenüber denen, die in einem Gang mitgegossen bzw. -gepreßt wurden.

Bébé Eine Puppe mit den Proportionen eines Kindes und einem kürzeren, rundlicheren Körper als eine »Lady-Doll«.

Biskuitporzellan Ein Keramikmaterial, das in eine Form gegossen oder in Form gepreßt werden kann, bevor es bei hohen Temperaturen gebrannt wird. Puppenköpfe aus Biskuitporzellan wurden oft bemalt, bevor sie ein zweites Mal bei niedrigeren Temperaturen gebrannt wurden. Das Material hat eine matte, unglasierte Oberfläche.

Bonnet-Head Eine Puppe, bei der ein Hut oder eine Haube als Teil des Kopfes mitmodelliert wurde.

Breveté oder bte Eine Bezeichnung, die sich manchmal auf französischen Puppenköpfen oder -körpern befindet und besagt, daß das Muster patentrechtlich geschützt ist.

Brustkopf Eine Puppe, bei der Kopf und Schultern in einem Stück geformt sind.

Celluloid Ein thermoplastisches Material, das bis in die fünfziger Jahre zur Herstellung von Puppen verwendet wurde. Es wurde von Hyatt Brothers in New Jersey entwickelt und ganz ähnlich wie Biskuitporzellan verarbeitet. Celluloid wurde dann durch das haltbarere und weniger feuergefährliche Vinyl und andere Kunststoffe verdrängt.

deponiert siehe déposé

déposé Französische Bezeichnung, die sich manchmal auf Kopf oder Schulterplatte einer Biskuitporzellanpuppe findet und bedeutet, daß sie zum Patent angemeldet ist. Wie das deutsche Pendant »deponiert« wurde sie häufig zu dep. abgekürzt

DRGM Deutsches Reichsgebrauchsmuster. Diese Initialen wurden in Deutschland nach 1909 verwendet und besagen, daß ein Muster oder Patent eingetragen wurde.

DRMR Deutsche Reichsmusterrolle. Auf einer Puppe bedeuten diese Buchstaben, daß eine Patentanmeldung in die Musterrolle des Deutschen Reichs eingetragen wurde.

DRP Deutsches Reichspatent.

g.m. Die Abkürzung für Geschmacksmuster, die sich auf dem Kopf oder Rumpf deutscher Puppen findet und besagt, daß ein Geschmacksmuster eingetragen ist und nicht von Dritten kopiert werden darf.

gezwickelt Weichkörperpuppen, deren Hüft- und evtl. Kniegelenke durch Zwickeleinsatz geklappt werden konnten.

ges. gesch. gesetzlich geschützt. Gibt auf deutschen Puppenköpfen oder -körpern an, daß ein Patent erteilt wurde.

Gußwachs Herstellung von Puppenköpfen oder -gliedern, bei der geschmolzenes Wachs in eine Form gegossen wird, wobei die äußere Schicht, die in Kontakt mit der Form kommt, abkühlt und härtet, während der noch flüssige Rest abgegossen wird. Solche Puppen sind extrem empfindlich.

Intaglio-Augen reliefartig eingelassene Augen

Komposition Ein Begriff, der für verschiedene Materialien einschließlich Papiermaché benutzt wird, mit denen Puppenkörper und -köpfe hergestellt wurden. Meist handelt es sich um Zellstoff, dem Klebstoff und Farbstoffe zugesetzt sind. Wird auch als Holzmasse oder Mischmasse bezeichnet.

krakeliert mit Rissen und Sprüngen durchzogen

Kürbisköpfchen oder Pumpkin-Head Ein Puppentyp, der durch ein breites Gesicht und einen insgesamt flachen Schädel gekennzeichnet ist.

Paperweight-Augen Glasaugen, bei denen die Irisstrahlen einzeln eingeschmolzen sind.

Papiermaché Ein Papierbrei, der mit Schlämmkreide und geeignetem Leim gemischt und im frühen 19. Jahrhundert zur Herstellung von Puppenköpfen und -körpern verwendet wurde. Ende des 19. Jahrhunderts entwickelte man Papiermaché, das gegossen werden konnte und nicht mehr in Form gepreßt werden mußte. Es war stärker und haltbarer als die frühere Mixtur.

pat oder patd Abkürzung für patentiertes Muster auf Puppen aus den USA oder Großbritannien.

Porzellankopfpuppe Puppe mit Kopf aus glasiertem Porzellan, das vor der Einführung des Biskuitporzellans in der zweiten Hälfte des 19. Jahrhunderts viel verwendet wurde.

Schlitzkopf Eine Art von Puppenkopf, die Mitte des 19. Jahrhunderts häufig gefertigt wurde: In einen Schlitz, der von vorne nach hinten über den Kopf verlief, wurde das Haar eingesetzt. Dadurch ergab sich eine Art Mittelscheitel, von dem aus häufig Ringellöckchen herabfielen.

SFBJ (Société Française de Bébés et Jouets) Eine Vereinigung französischer Puppenfabrikanten, die 1899 u. a. von Bru, Fleischmann & Bloedel, Gaultier, Genty, Girard, Gobert, Jumeau, Pintel & Godchaux, Rabery & Delphieu und Remignard gegründet wurde, um dem Druck durch die deutsche Konkurrenz zu begegnen.

Tauchwachs Eine Bezeichnung für Puppen, bei denen das Kernmaterial z. B. aus Papiermaché oder Komposition besteht, das dann in Wachs getaucht oder auch mit geschmolzenem Wachs überzogen wurde.

Weiterführende Literatur

Altonaer Museum in Hamburg, »Von der Lust, ein Kind zu sein«, Kinder früher und heute. Material Projektgruppe des Museumspädagogischen Dienstes, Hamburg 1980

Bachmann, Manfred, und Hansmann, Klaus, Das große Puppenbuch. Eine Kulturgeschichte der Spielpuppe. 5. Aufl. Leipzig 1988

Cieslik, Jürgen und Marianne, Cieslik's Lexikon der deutschen Puppenindustrie. Verlag M. Cieslik, Jülich-Koslar, 1984

dies., Cieslik's Puppen-Magazin. Jülich-Koslar 1987 ff.

dies., Das große Schildkröt-Buch. Jülich 1986

dies., Lexikon der deutschen Puppenindustrie – Marken – Daten Fakten. Jülich 1984/1989

dies., Cieslik's Puppen-Bestimmungsbuch. 3. erweiterte Auflage 1989

Die Welt der Puppen. Detaillierte Anleitungen zum Herstellen von Puppen, Puppenhäusern und -möbeln. (Mit Beiträgen von Beryl Armstrong, Haedley Holgate, Pamela Ruddock, Ellen Bedington), Könemann, Köln 1997

Hillier, Mary, Puppen und Puppenmacher. Frankfurt 1968/1984

Katalog Puppen- und Spielzeugmuseum Rothenburg ob der Tauber. Braunschweig 1985

Katalog »Spielzeug gestern und heute«. Deutsches Spielzeugmuseum Sonneberg 1990

Reinelt, Sabine, Zauber der Charakterpuppen. Weingarten 1985

Richter, Lydia, Käthe-Kruse-Puppen. München 1982

Register